SAINTE-ANNE DE JÉRUSALEM

ET

SAINTE-ANNE D'AURAY

LETTRE

A MONSEIGNEUR L'ÉVÊQUE DE VANNES

PAR

L'ARCHEVÊQUE D'ALGER

SAINTE-ANNE

DE JÉRUSALEM

ET

SAINTE-ANNE D'AURAY

LETTRE

A MONSEIGNEUR L'ÉVÊQUE DE VANNES

PAR

L'ARCHEVÊQUE D'ALGER

SAINT-CLOUD

IMPRIMERIE DE Mme Ve EUGÈNE BELIN

RUE DU CALVAIRE, N° 3

1879

SAINT-CLOUD. — IMPRIMERIE DE Mme V^e EUG. BELIN.

SAINTE-ANNE DE JÉRUSALEM

ET

SAINTE-ANNE D'AURAY

LETTRE

A MONSEIGNEUR L'ÉVÊQUE DE VANNES

Monseigneur,

Je suis revenu de Sainte-Anne d'Auray, tout embaumé des parfums de piété de votre Bretagne.

Je ne puis oublier cette noble Basilique, œuvre de votre zèle, ces longues troupes de pèlerins, les femmes portant sur leurs bras les petits enfants, les hommes récitant leur chapelet, ce spectacle que votre province donne presque seule à la France et qu'une hospitalité pleine de grâce a gravé plus profondément et plus aimablement encore dans mon cœur.

En un mot, Monseigneur, *je suis venu, j'ai vu, je suis vaincu.*

Mais j'estime qu'il y a honneur à être vaincu par la foi de vos Bretons.

Souvent j'avais désiré de prendre part à vos fêtes. Quelque embarras imprévu, comme il en arrive toujours aux

Évêques, m'avait privé de ce bonheur. Cette année, j'ai fait tout céder. Je voulais être auprès de Sainte-Anne d'Auray l'ambassadeur de Sainte-Anne de Jérusalem.

Chargé par la France et par le Saint-Siège de pourvoir au service de ce sanctuaire, maintenant national, je suis allé récemment en Palestine, pour y placer mes Fils, les Missionnaires d'Alger. Après avoir recueilli précieusement tous les grands souvenirs qui, en Orient, se rattachent à la mémoire de leur sainte Patronne, je voulais féliciter vos Bretons de l'honneur que leur fidélité rend si justement à son nom et à son culte.

J'ai cherché à le faire, lorsque, sur votre ordre, Monseigneur, et sur celui de votre vénéré Métropolitain, j'ai pris la parole dans votre sanctuaire.

Plusieurs de mes auditeurs me demandent de compléter aujourd'hui les détails que j'ai donnés alors sur Sainte-Anne de Jérusalem. Je ne crois pas pouvoir me refuser à leur prière, et je profite, pour le faire, du premier moment de liberté que me laisse mon retour en Algérie.

C'est à vous, Monseigneur, si Votre Grandeur daigne me le permettre, que j'adresserai ce petit travail, pour vous exprimer ma gratitude de votre fraternel accueil ; car je juge de votre amour pour sainte Anne par les merveilles qu'il a réalisées.

Je ne vous dirai pas, sans doute, tout ce que je pourrais dire sur Sainte-Anne de Jérusalem. Il y faudrait un livre. Ce livre, je consacre mes loisirs à le préparer ; mais tout me fait craindre que la préparation ne se prolonge. Et d'ailleurs si les livres sont plus complets, on les lit moins.

Voilà pourquoi je me contente, aujourd'hui, d'une Lettre.

I

Sainte-Anne de Jérusalem est le sanctuaire antique et vénérable qui recouvre, près de la Piscine Probatique, la maison de saint Joachim et de sainte Anne dans la Ville-Sainte. Cette maison est celle où ils ont passé les dernières années de leur vie, où tous deux ils ont rendu le dernier soupir. La même église recouvre la crypte creusée près de leur demeure, plusieurs siècles après leur mort, et où, par une pensée touchante, leurs tombes furent transportées.

Ces titres de gloire du sanctuaire de Jérusalem, toute la tradition est d'accord pour les affirmer. Les Occidentaux se joignent sur ce point aux Orientaux, les Infidèles aux Chrétiens, et le Saint-Siège les a consacrés à plusieurs reprises, par ses faveurs spirituelles (1).

---

(1) Dans sa bulle *Divina disponente clementia,* datée de Rome, le 9 avril 1561, Pie IV fait remonter la concession première de ces indulgences pontificales, d'après une antique tradition, jusqu'au pape Sylvestre II. Il dit qu'un ancien tableau de ces Indulgences accordées par ce Souverain Pontife aux différents sanctuaires de la Palestine, était affiché au Saint-Sépulcre. Or, ce tableau, reproduit dans la plupart des auteurs qui se sont occupés de la Terre-Sainte, mentionne, parmi les sanctuaires auxquels des indulgences sont accordées, la maison de sainte Anne : « *Domus sanctæ Annæ et locus in quo nata est Beata Virgo.* » Ces Indulgences figurent sur le tableau qui se trouve à la fin du Processionnal de la Terre-Sainte pour l'année 1855, approuvé par le Patriarche de Jérusalem, avec ce titre : « *De indulgentiis, tum per S. Helenam, inventa Sancta Cruce, a S. Sylvestro Papa pro Sacris Locis obtentis, tum ab aliis Pontificibus illis concessis* » : IN ECCLESIA UBI BEATA VIRGO MARIA EST IMMACULATE CONCEPTA ET NATA, INDULGENTIA PLENARIA. (*Quotidiana processio quæ celebratur a Patribus Franciscanis in ecclesia sanctissimi et gloriosissimi Domini nostri Jesu Christi Sepulcri

A ces souvenirs, la tradition constante de l'Orient et celle de l'Église de Jérusalem, en particulier, en ajoutent d'autres encore. Elles enseignent, et historiquement le fait est indubitable, que c'est là que sainte Anne conçut et engendra Marie (1).

Si quelques-uns ont pu contester la réalité de cette dernière assertion, il n'en est pas de même de ce qui regarde la demeure de sainte Anne et de saint Joachim. Les plus passionnés d'entre eux, à la tête desquels je cite à regret Mgr Mislin (2), sont formels sur ce point : « On ne saurait douter, dit ce Prélat, dans son livre sur les Saints-Lieux, que les parents de la sainte Vierge n'aient habité ce lieu, ce qui suffit pour nous le rendre cher et sacré (3); » et dans un autre endroit il dit encore : « Saint Joachim et sainte Anne sont morts dans leur maison, l'église de Sainte-Anne actuelle (4). »

En parlant de cette maison sacrée, j'écarte les détails qui n'appartiennent qu'aux légendes apocryphes. Ces légendes sont anciennes, cependant, et quelques-unes se rapprochent

---

cum Indulgentiis in propriis locis appositis, quarum brevis notitia in fine hujus libelli ponitur. Hierosolymis, in conventu FF. Minorum, MDCCCLV. Pag. 54.)

(1) Le Saint-Siège a également confirmé cette seconde tradition, non seulement en accordant ses Indulgences dans les termes rapportés à la note précédente, mais encore en faisant insérer dans les Leçons de la fête de la Présentation de la Sainte Vierge (Bréviaire romain, au 21 novembre, leçon 4) ces paroles de saint Jean Damascène : « Marie naît dans la maison de Joachim à la Probatique, et est ensuite conduite au Temple. *In lucem autem editur (Maria) in domo Probaticæ Joachim, atque ad Templum adducitur.* »

(2) Le livre de Mgr Mislin sur les Saints-Lieux qui, en beaucoup de points laisse à désirer sous le rapport de l'exactitude, est surtout déparé par l'expression constante de son opposition violente à la France et à ses privilèges séculaires en Orient.

(3) Mgr Mislin, abbé de Sainte-Marie de Deg, en Hongrie. *Les Saints-Lieux* (3e édit., Paris, Lecoffre, 1878, t. II, p. 559).

(4) *Ibid.*, p. 640.

des temps apostoliques. Mais je ne veux rien affirmer que de certain, estimant que la vérité doit seule être admise dans l'histoire des Saints, et que seule aussi elle est utile aux âmes. Je ne recevrai donc que les témoignages autorisés des Saints-Pères ou des historiens les plus graves de la Palestine : Saint Épiphane, l'ami de saint Jérôme, saint Sophrone, qui succéda sur le siège patriarcal de Jérusalem à Modeste qui en avait fait reconstruire les sanctuaires, saint André de Crète, saint Jean Damascène qui tous deux ont appartenu longtemps au Clergé de la Ville-Sainte, saint Jean Damascène surtout, le plus docte de tous et auquel on a donné, à juste titre, le nom de saint Thomas de l'Orient.

Or, voici ce que ces savants hommes nous apprennent sur la maison de sainte Anne à Jérusalem :

Comme beaucoup d'entre ses ancêtres, comme David lui-même avant sa royauté, Joachim, l'époux de sainte Anne, était pasteur de brebis, et c'est dans les montagnes de la Galilée, près de Nazareth, qu'il élevait ses troupeaux. Mais il avait hérité de ses aïeux une maison modeste qui lui servait de bergerie dans la ville même de Jérusalem. Saint Jean Damascène est formel sur ces deux points : il appelle cette maison, d'une part, l'ancienne bergerie des brebis de Joachim, « *Joachim pecorum quondam caula,* » de l'autre, la maison des ancêtres de notre Reine, c'est-à-dire de Marie, « *avitum Reginæ domicilium* (1). »

Comme les autres maisons de pasteurs, à Jérusalem, celle de Joachim et d'Anne était située dans le quartier que l'on nommait, en hébreu, *Bézetha*, en grec, *Probatique* (2), qui tous deux signifient *quartier* ou *lieu des troupeaux.* Ce quar-

---

(1) S. Joan. Damasc., *Homil. I in Nativit. B. M. V.* (Venetiis, 1748, t. II, p. 848.)

(2) Catejan parle ainsi du mot Probatique au sujet du ɣ 12 du chapitre xix de saint Jean : « Probatica, verbum græcum, latine pecualis, significans locum ovium pro sacrificio manentium. Singulis

tier, bâti tout près du Temple, était, en effet, réservé à la garde et à la vente des brebis et des agneaux destinés aux sacrifices, à peu près comme autour de nos sanctuaires les plus vénérés s'établissent encore aujourd'hui ceux qui vendent aux pèlerins des images, des cierges ou des couronnes.

Mais non seulement nous connaissons par ces témoignages le quartier où était la maison de sainte Anne ; nous en savons encore l'emplacement précis, d'après les textes de saint Sophrone et de saint Jean Damascène (1).

Elle était près de la Piscine appelée aussi *Probatique*, du nom de ce quartier, si près que, au témoignage du bienheureux Cosmas Vestitor (2), elle l'entourait en partie, et que, selon Antonin de Plaisance, pèlerin du sixième siècle, la Basilique bâtie sur son emplacement s'étendait jusqu'à l'un des cinq portiques de la Piscine et se confondait avec lui (3).

Or cette Piscine est celle dont parle saint Jean, au cinquième chapitre de son Évangile (ỹ 2-13) :

« Il y a à Jérusalem, dans le quartier de la Probatique, une Piscine appelée en hébreu Béthesda (c'est-à-dire maison de miséricorde), laquelle a cinq portiques.

---

enim diebus duo agni immolabantur, et propterea oportebat habere in civitate locum idoneum ad continendum oves saltem pro jugi sacrificio. » (*Cajetani in quatuor Evangelia et Acta Apostolorum Commentarius.* Lugduni, Prost, 1639, t. IV, p. 316.)

(1) Voir les textes de ces deux Pères, cités plus bas, p. 15 et 16, note 1.

(2) Paterna ejus (Mariæ) domus Hierosolymis erat, quæ circumcingebat Probaticam, ut vulgo appellabatur, piscinam, in qua Christus ac Deus noster paralyticum a triginta et octo annis ibi jacentem surgere jubens sanavit ; velut qui ex illa domo allegorice egressurus erat pastor ovium rationalium. (*Sermo B. Cosmæ Vestitoris in SS. Joachimum et Annam.* Migne, *Patrologia græca*, t. LV, col. 1238.)

(3) Revertentes in civitatem venimus ad piscinam natatoriam quæ quinque porticus habet, et in una earum est Basilica sanctæ Mariæ. (Tobler, *Itineraria et descriptiones Terræ Sanctæ.* Genève, Fick, 1877, p. 106.)

» Là gisait une grande multitude d'infirmes, d'aveugles, de boiteux, de paralytiques, qui attendaient l'agitation des eaux.

» Car l'Ange du Seigneur descendait à certains moments dans la Piscine et agitait les eaux, et le premier qui descendait dans la Piscine, après le mouvement des eaux, était guéri, de quelque mal qu'il fût atteint.

» Et il y avait un homme qui comptait déjà trente-huit ans de maladie.

» Jésus, l'ayant vu gisant, et sachant qu'il souffrait depuis longtemps, lui dit : « Veux-tu être guéri ? »

» Le malade lui répondit : « Seigneur, je n'ai personne qui me porte dans la piscine, lorsque l'eau a été remuée ; et pendant que j'y vais, un autre y descend avant moi. »

» Jésus lui dit : « Lève-toi, prends ton grabat et marche. »

» Et aussitôt cet homme fut guéri, et il prit son lit, et il marcha. Et ce jour était celui du Sabbat.

» Et les Juifs dirent à celui qui avait été guéri : « C'est le jour du Sabbat, il ne t'est pas permis de porter ton grabat. »

» Il leur répondit : « Celui qui m'a guéri, m'a dit : Prends ton grabat et marche. »

» Ils lui répondirent donc : « Qui est celui qui t'a dit : Prends ton grabat et marche ? »

» Or celui qui avait été guéri ne savait qui c'était, car Jésus avait disparu de la foule qui était en ce lieu. »

Vos Bretons éprouveront, je n'en doute pas, le même sentiment que j'ai éprouvé moi-même, lorsque j'ai lu, sur les ruines de la Piscine et sur l'emplacement des Portiques qu'occupe toujours en partie le sanctuaire de Sainte-Anne, ce texte du Saint Évangile.

La pensée que c'est sur le seuil même de la maison de son aïeule et de sa mère que Jésus a accompli ce grand miracle de sa bonté ; ce nom de maison de « miséricorde, » qui convient si bien à sainte Anne, non seulement pour sa miséricorde que votre Bretagne a souvent éprouvée, mais encore pour son

nom mystérieux, car « grâce (1) » et « miséricorde » se res-
semblent de bien près, tout cela me semble un nouveau motif
de confiance.

La maison des deux saints vieillards n'avait, du reste, rien
qui pût attirer les regards. Elle était, selon l'usage de la
Palestine (2), en partie creusée dans le roc qui, dans ce quartier de la ville, s'élevait, alors en amphithéâtre vers les rem-
parts, en partie fermée par un mur de maçonnerie. La maison
de la Sainte-Vierge à Nazareth, la bergerie où Notre-Seigneur
naquit à Bethléem, étaient de même, en partie, creusées dans
le roc. Je le remarque, parce que c'est leur humilité qui nous a
gardé ces précieux monuments de notre foi. Si Anne, si Marie
eussent habité les palais des rois, si Notre-Seigneur y fût né,
leurs demeures seraient en vain cherchées aujourd'hui par la
piété des chrétiens. Où sont les palais de Jérusalem? Bâtis par
la main des hommes, ils sont devenus ce que devient l'œuvre
des hommes : ruine et poussière. Mais Dieu, quand il bâtit,
fonde sur le roc. Voilà pourquoi la maison de sainteAnne nous
a été conservée : *Fundata enim erat supra firmam petram.*

C'était dans cette pauvre maison de « leurs ancêtres »
qu'habitaient les deux saints époux, lorsqu'ils venaient à
Jérusalem pour la vente de leurs brebis ou pour la célébration
des fêtes de l'ancienne loi; là, qu'ils priaient ensemble,
» étant tous deux assidus au Temple », au témoignage de saint

---

(1) C'est la signification du nom hébreu de sainte Anne, dans l'explication qu'en donne saint Jean Damascène : « Itaque GRATIA (nam
hoc sonat Annæ vocabulum) DOMINAM parit (id enim Mariæ nomine
significatur). » (S. Joannis Damasceni, *De fide orthodoxa,* lib. IV. *Op.
cit.,* t. I, p. 275.)

(2) SECUNDUM MOREM TERRÆ ILLIUS, videtur fuisse locus (*Nativitatis
Christi*) pro stabulo, habens præsepe excisum de petra, ut moris est
facere præsepia. (*Burchardi de monte Sion, Descriptio Terræ sanctæ. —
Peregrinatores medii ævi quatuor.* Lipsiæ, Hinrichs, 1873, p. 78.)

Cet usage existe encore aujourd'hui sur plusieurs points de la Palestine.

André de Crète (1) ; ce qui, selon la remarque de Combefis, son savant traducteur, leur était facile, à cause du voisinage de leur habitation.

Un mot de saint Épiphane, rapproché de circonstances d'ailleurs assurées, permet d'ajouter un gracieux détail à ce que nous savons de l'habitation des deux saints Patriarches. Joachim et Anne se séparaient quelquefois : l'un se rendait au milieu de ses troupeaux, dans les montagnes de la Galilée, l'autre attendait dans la Ville Sainte ; et saint Épiphane dit à cette occasion : « Joachim priait alors sur ses montagnes, et Anne dans son jardin (2) » ; ce qu'il faut entendre sans hésitation de leur maison de Jérusalem ; car c'est après ces prières qu'Anne va à la rencontre de Joachim à la porte Dorée, à quelques pas du Temple et de la Probatique (3), c'est-à-dire de leur demeure.

Un modeste jardin s'ajoutait donc à la maison de sainte Anne, comme il était naturel pour une bergerie ; et une tradition pieuse de Jérusalem veut qu'un arbre y fût planté par Marie et qu'il se soit conservé jusque bien longtemps après les Croisades (4). Cet arbre serait un olivier, l'arbre de la paix et de la douceur.

---

(1) Ambo, Annam illam imitati factam voti compotem et exauditam, ASSIDUI IN TEMPLO ERANT, Deumque votis supplicibus ut orbitatem solveret fructumque sterilitati concederet, provocabant. (S. Andreæ Jerosolymitani, archiepiscopi Cretensis, *In Nativitatem B. M. V. sermo I.* Migne, *Patrologia græca,* t. XLVIII, col. 818.)

(2) Joachim precabatur in monte, et Anna IN HORTO SUO. (*S. Epiphanii de Laudibus S. Mariæ Deiparæ oratio.* Migne, *Patrologia græca,* t. XXIII, col. 1282.)

(3) In hac (porta Aurea) S. Anna et Joachim, de habenda prole læti, sibi mutuo occurrisse scribuntur. (Adrichomius, *Theatrum Terræ Sanctæ,* p. 167.)

(4) Les pèlerins du moyen âge parlent souvent de l'arbre du jardin de sainte Anne. On le verra mentionné plus bas, au paragraphe V, par le P. Fabri, dans le récit de sa visite à Sainte-Anne, en 1482.

Aujourd'hui encore, un vieil olivier, bien des fois séculaire, se trouve devant le sanctuaire de Sainte-Anne. On lui a fait, pour le conserver au milieu des travaux récemment entrepris pour notre église, comme une forteresse. Est-ce le même que celui du moyen âge? A-t-il, comme les oliviers de Gethsémani, survécu à tant de causes de destruction et de ruine? Je ne saurais le dire. Mais il est bien là, car sainte Anne, est vraiment « l'olivier fécond de la maison de Dieu », que « l'on reconnaît à ses fruits. » C'est la pensée des saints Docteurs; et peut-on trouver un plus parfait éloge pour Celle dont le fruit de bénédiction a été la Mère de Dieu?

Ces souvenirs sacrés sont célébrés à l'envi par les Pères. « Que toutes les créatures se réunissent, dit saint Jean Damascène, pour féliciter avec joie et pour louer la bienheureuse Anne de son enfantement béni. Elle a engendré au monde un trésor qu'aucune puissance ne peut lui ravir... O couple heureux d'Anne et de Joachim! toute la création vous est redevable! Par vous, en effet, elle offre au Créateur le don qui dépasse tous les dons, la chaste Mère qui seule était digne du Créateur..... Salut, ô Probatique, temple sacré de la Mère de Dieu! SALUT, ô PROBATIQUE, MAISON DES ANCÊTRES DE NOTRE REINE! SALUT, ô PROBATIQUE, TOI AUTREFOIS BERGERIE DE JOACHIM, ET MAINTENANT ÉGLISE DU TROUPEAU SPIRITUEL DU CHRIST, ET IMAGE DU CIEL. »

Et ailleurs : « O couple de chastes colombes, Joachim et Anne! En gardant la chasteté que prescrit la loi de la nature, vous avez mérité d'obtenir de Dieu ce privilège surnaturel de donner au monde la Mère de Dieu, toujours Vierge. En gardant une vie pieuse et sainte, vous avez mérité d'engendrer une Fille plus élevée que les Anges, et maintenant la Reine des Anges! O Rose qui es née d'entre les épines, c'est-à-dire des Juifs, et qui as tout embaumé de ton divin parfum, ô toi qui es la fille d'Adam et la Mère de Dieu, bienheureuses les entrailles qui t'ont portée, bienheureux les bras qui t'ont reçue, bienheureuses les lèvres qui ont reçu tes chastes baisers... Aujourd'hui le salut du monde est commencé, car il nous est né DANS LA SAINTE PROBATIQUE, c'est-à-dire DANS LA MAISON DES BREBIS, celle qui devait être la Mère de Dieu, de qui a voulu naître l'Agneau de Dieu, qui efface les péchés du monde (1). »

Saint Jean Damascène n'est pas le seul qui parle ainsi de l'humble maison d'Anne. Saint Sophrone qui occupait, au siècle précédent, le trône patriarcal de la Ville-Sainte, imite ces pieux transports. Dans un hymne où, absent alors de Jérusalem, il passe en revue les plus saints de ses sanctuaires dont il se plaint d'être éloigné, après avoir parlé du Saint-Sépulcre et du Calvaire, il ajoute dans un saint enthousiasme :

---

(1) Omnis creatura una festive oblectetur, ac sacratissimum sacræ Annæ laudet puerperium. Illa quippe mundo peperit thesaurum quem vis nulla auferre possit. (S. Joan. Damasc. *Homil. I in Nativit. B. M. V.* Venetiis, 1748, t. II, p. 842.)

O par beatum Joachim et Anna ! vobis omnis creatura obstricta est. Per vos enim donum omnium donorum præstantissimum Creatori obtulit, nempe castam Matrem quæ sola Creatore digna erat. (*Ibid.*)

Salve sis, Probatica, Dei Matris sanctissimum delubrum. SALVE SIS, PROBATICA, AVITUM REGINÆ DOMICILIUM. Salve sis Probatica Joachim pecorum quondam caula, nunc autem rationalis Christi ovilis ecclesia cœlum repræsentans. (*Ibid.*, p. 848.)

O castissimum rationalium turturum par Joachim et Anna ! vos castitatem quam naturæ lex præscribit, conservantes, ea quæ naturam superant, divinitus estis consecuti ; mundo quippe Dei Matrem viri nesciam peperistis. Vos pie et sancte in humana natura vitam agentes, Filiam Angelis superiorem nuncque Angelorum Dominam edidistis..... O Rosa quæ ex spinis, Judæis scilicet, orta es divinoque odore cuncta perfudisti ! O filia Adami et Dei mater ! Beati lumbi et venter ex quibus prodiisti, beatæ ulnæ quæ te gestaverunt, labia item quibus castis osculis frui concessum est..... Hodie salus mundi inchoata est. Nobis enim in sancta Probatica nata est Dei mater, ex quâ Agnus Dei, qui tollit peccatum mundi, nasci voluit. (*Ibid.*, p. 844 et seq.)

« J'entrerai DANS LA SAINTE PROBATIQUE OU LA GLORIEUSE ANNE
» ENGENDRA MARIE ; j'entrerai dans ce temple de la très pure
» Mère de Dieu ; je couvrirai de mes baisers ces murs qui
» me sont si chers ; je passerai avec respect SUR CETTE PLACE
» OU EST NÉE, DANS LA DEMEURE DE SES PÈRES, LA VIERGE REINE,
» OU LE PARALYTIQUE EST MONTÉ, PORTANT SON GRABAT ET DÉJA
» GUÉRI PAR L'ORDRE DU VERBE (1). »

Au témoignage de saint Jean Damascène, c'est de cette
maison que sortit Marie pour être présentée au Temple, soit
qu'elle eût demeurée à Jérusalem depuis sa naissance, soit
qu'elle eût, dans cet intervalle, habité Nazareth avec ses
parents. Ce sont les propres paroles du saint Docteur. « Marie,
dit-il, naît dans la maison de Joachim à la Probatique, et de
là est conduite au Temple (2). »

On montre à Jérusalem l'emplacement des édifices qu'habitaient, dans le Temple, les vierges consacrées à Dieu. Il est
marqué par une basilique immense construite, au rapport de
Procope (3), par l'empereur Justinien Ier, en l'honneur de la

---

(1)   In Probaticam sanctam ingrediar,
    Ubi Anna præclara peperit Mariam ;
    Subiens templum, templum illud
    Purissimæ Deiparæ,
    Deosculans amplectar
    Parietes mihi carissimos ;
    Neque temere præteribo,
    In medium forum gradiens
    Ubi in patriis est nata
    Thalamis Regina Virgo,
    Ubi ascendit paralyticus
    E terra tollens grabatum,
    Jam sanatus jussu Verbi.

(S. *Sophronii*, *patriarchæ Hierosol.* — Migne, *Patrologia græca*,
t. XLIV *bis*, col. 1049.)

(2) In lucem autem editur (Maria) in domo Probaticæ Joachim, et ad
Templum adducitur. (S. Joan. Damasc., *op. cit.*, t. I, p. 275.)

(3) Hierosolymis Deiparæ templum (Justinianus) posuit incompa-

Présentation. Circonstance touchante et pleine de charmes !
de la maison d'Anne et de Joachim on pouvait presque aper-
cevoir celle où Marie croissait au service du Très-Haut. Les
deux saints vieillards pouvaient ainsi, tout près d'eux, suivre
leur fille du cœur et de la pensée. La première fois que,
monté sur les terrasses de Sainte-Anne, j'aperçus devant moi,
à si peu de distance, l'église de Justinien, je me figurais, avec
attendrissement, les bénédictions qu'Anne et Marie pouvaient
échanger chaque jour.

La tradition orientale nous apprend aussi que Joachim et
Anne ne quittèrent plus Jérusalem après la Présentation de
Notre-Dame, et que, durant le séjour de Marie au Temple,
Joachim le premier, et Anne peu de temps après lui, leurs
vœux étant désormais comblés, leur mission accomplie, allè-
rent au ciel attendre leur fille (1). Nul doute, qu'elle ne leur
ait elle-même fermé les yeux dans l'une de ces petites chambres taillées dans le roc, que nous voyons encore aujourd'hui.

Ajoutons que la présence de leurs tombeaux dans la vallée
de Josaphat, « le lieu de la sépulture des pauvres de Jérusalem (2), » donne à ces traditions une certitude nouvelle.
Anne et Joachim n'auraient pas été ensevelis dans la nécro-

---

rabile; novam ecclesiam indigenæ appellant. (Procopii Cæsareensis, *de
Ædificiis*, lib. V, cap. VI, p. 102. Paris, typogr. reg., 1663, p. 102.)

(1) Anna, cum genuisset magnam utilitatem mundique salutem,
immaculatam omnisque labis expertem Deiparam, eamque educasset
atque in Templum Domini adduxisset Deoque obtulisset, ad ipsum
gaudens migravit. (*Menologium Græcorum*. — Migne, *Patrologia græca*,
t. LXI, col. 279.)

Joachimus octogenarius decessit; Anna, annos nata undeoctoginta,
vitam finiit. Ab iis in templum deducta Dei Genitrix, anno ætatis suæ
tertio, undecim annos nata, parentes amisit. (Georgii Cedreni *Historia-
rum Compendium*. Paris, typogr. reg., 1647, t. I, p. 185.)

(2) Hæc vallis commune totius civitatis cœmeterium erat, ubi vulgus
et ignobiles omnes sepeliebantur; extra urbem enim Judæis sepeliri
mos erat. (Adrichomius, *op. cit.*, num. 204.)

2

pole de la Ville Sainte, dans le tombeau même où Marie fut plus tard ensevelie auprès d'eux, s'ils n'y avaient passé les derniers temps de leur vie et vu venir leur mort bien-heureuse.

Là s'arrête pour notre Sanctuaire, le souvenir personnel de sainte Anne. Il n'y reparaît que plusieurs siècles après, lorsqu'on y transféra son tombeau.

Mais combien d'autres souvenirs viennent s'y ajouter et donner à l'humble maison qu'elle habitait, une consécration et une gloire divines ! Je ne puis pas tout dire, puisque je veux être bref, mais je me reprocherais de tout passer sous silence. Aussi bien l'histoire de sainte Anne ne nous est-elle précieuse que parce qu'elle prépare celle de Marie et de Jésus.

Marie hérita de cette « maison de ses ancêtres » et la garda jusqu'à sa mort ou tout au moins jusqu'à la Passion de son Fils.

On ne peut douter qu'elle n'y demeurât, lorsqu'ils montaient au Temple pour les fêtes. C'est ce qu'affirme, d'après les traditions anciennes, l'un des plus savants critiques qui aient écrit sur la Terre-Sainte. Il dit que Marie y demeurait encore « au temps de la Passion de son Fils (1). »

Que de conséquences, intéressantes pour la maison de Sainte-Anne nous pouvons donc tirer des récits mêmes du Saint Évangile !

C'est là que fut porté Jésus, lorsqu'on le présenta au Temple, au jour de sa circoncision.

C'est là qu'Il demeurait, lorsque ses parents le perdirent, durant leur voyage à Jérusalem, et le retrouvèrent tout près,

---

(1) Domus sanctæ Annæ, aviæ Christi, in qua una cum Joachim conjuge suo, cum festa Hierosolymis ageret, hospitabatur : ubi et uterque obiit. Hic beata Virgo Maria concepta est: ATQUE IBIDEM PAS-SIONIS CHRISTI TEMPORE MANSIT. Ubi postea pulchrum in honorem Sanctæ Annæ ædificatum est templum quo nunc Turcæ turpiter abutuntur. (Adrichomius, *op. cit.*, p. 153.)

dans l'enceinte même du Temple dont le voisinage explique le récit évangélique.

C'est là qu'Il se retirait pour échapper à la foule, comme il le fit, sans doute, le jour où il accomplit son grand miracle de la Probatique et où on ne put le retrouver que plus tard, dans le Temple, parce que, tout d'un coup, « il avait disparu de la foule qui était dans ce lieu. »

C'est là qu'Il venait jusqu'au temps où commencent les grandes scènes de la Passion. Alors la pauvre maison souterraine de Bézetha ne suffit plus. Il faut une plus vaste demeure, et il envoie ses disciples la choisir dans le quartier de Sion.

Mais, sans recourir aux conjectures, si naturellement qu'elles s'imposent, c'est chose merveilleuse de voir comment la maison de sainte Anne est, à Jérusalem, entourée en quelque sorte d'une auréole sacrée par les plus grands souvenirs de notre foi.

J'ai raconté à vos Prêtres, Monseigneur, — et il m'a semblé qu'ils en étaient particulièrement émus, — combien j'étais resté moi-même ravi, à Jérusalem, de ces rapprochements inattendus.

À quelques pas à peine, l'enceinte du Temple, avec sa longue histoire qui est celle de la religion du vrai Dieu dans le monde. Dans cette enceinte, le rocher où, au témoignage de saint Jérôme (1) et de toute l'antiquité, Abraham se prépara à immoler son fils, figure de l'immolation du Fils de Marie. En remontant un peu vers le nord, le palais de Pilate et toutes les scènes de la Passion : le tribunal, la *Scala*

---

(1) Exstructo templo in Area Ornæ et in monte Moria, hoc est, visionis, in quo Abraham filium suum obtulisse narratur. (S. Hieronymi *Commentar. in Jeremiam*, lib. V, cap. xxvi. Venetiis, Zerlati, 1767, t. IV, p. 1026.)

Sancta que montèrent deux fois les pieds ensanglantés de Jésus, l'*Ecce Homo*, la Flagellation, tout cela dans la rue même où se trouvait la maison de sainte Anne, car Marie est née, Anne a quitté ce monde dans la maison qui commence la Voie douloureuse (1). « Si quelqu'un, dit le Sauveur, veut être mon disciple, qu'il prenne sa croix et qu'il me suive (2) ! » Et qui l'a jamais mieux suivi que son aïeule et sa mère qui cependant le précédaient ?

Vers le Sud, on est bientôt hors de la ville, car Sainte-Anne est contre les murs mêmes de la cité. On a devant soi Gethsémani, où commença l'agonie du Sauveur ; et le lieu où il enseigna aux Apôtres le *Notre Père*, la prière divine ; et plus haut, dominant tout, le lieu où il monta au ciel ; et, en revenant vers la Ville-Sainte, le tombeau de Marie, d'où elle s'éleva glorieuse comme son Fils.

N'ai-je pas raison de vous dire que la maison de sainte Anne est enveloppée d'une auréole ? Et quelle auréole plus merveilleuse !

Encore deux souvenirs qui m'ont touché :

Sainte-Anne se trouve entre deux monuments dont l'un est en ruines et dont l'autre ne laisse plus de traces visibles à l'œil du pèlerin, mais qui parlent éloquemment tous deux de miséricorde et de repentir. L'un est le sanctuaire élevé sur le lieu où Madeleine obtint le pardon de Jésus, où elle couvrit ses pieds de parfums et de larmes ; l'autre est le lieu

---

(1) *Harat-el-Allam*, la voie douloureuse. Elle commence à l'ancienne porte des troupeaux ou de Saint-Étienne, que les musulmans nomment Bab-Sitti-Mariem, passe devant Sainte-Anne, puis au prétoire de Pilate, et va finir au Calvaire.

(2) Luc, ix, 23.

où saint Pierre, après sa chute, vint verser, dans la nuit, ces larmes amères dont parle le Saint Évangile ! Il semble que ces deux grands coupables, figure de tous les pécheurs, soient venus chercher le voisinage de la maison d'Anne et de Marie, pour mieux obtenir le pardon de Jésus.

Que de Pierres et de Madeleines viennent encore, aujourd'hui, près de vous, pleurer au sanctuaire de Sainte-Anne d'Auray, et retrouvent la paix avec le repentir !

II

Telle était la maison d'Anne à l'heure où s'accomplissait la Rédemption du monde. Suivons-la dans le cours des siècles : nous la trouverons protégée par une main invisible, comme a été protégé, par une semblable Providence, son antique sanctuaire dans votre Bretagne.

Jérusalem devait voir se réaliser bientôt la prophétie du Sauveur, lorsque pleurant sur elle, du haut du Mont des Olives, à cette place qui garde encore son nom populaire des Croisades, le nom de *Fletus Domini*, il disait : « Oh ! » si du moins tu avais pu connaître, en ce jour, qui est » encore le tien, ce qui te donnerait la paix !... Car des » jours viendront pour toi, où tes ennemis te ceindront de » leurs fossés et te presseront de toutes parts, et ils ne » te laisseront pas pierre sur pierre, parce que tu n'as » pas connu Celui qui te visitait (1). »

Et il semble que Notre-Seigneur ait voulu prédire une ruine plus complète encore des édifices qui environnaient le Temple. Il renouvelle, en particulier, pour ce quartier

____

(1) Luc, XIX, 42, 43, 44.

de la Ville-Sainte où la maison de sainte Anne était située,
sa prophétie générale sur la ruine de Jérusalem. « Et comme
» il sortait du Temple, un de ses disciples lui dit : « Re-
» gardez, Maître, quelles pierres et quels édifices ! » — Et Jé-
» sus lui répondit : « Tu vois toutes ces constructions ; il n'en
» restera pas pierre sur pierre qui ne soit détruite (1). »

Ce fut, en effet, par le quartier de Bézetha que Titus
donna l'assaut à Jérusalem, lorsqu'il la prit et la détruisit
de fond en comble, l'an 70 de notre ère. Mais il n'y a aucun doute que, si les murs extérieurs de la maison de
sainte Anne furent alors renversés, les chambres creusées
dans le roc, où s'étaient passés de si grands et de si tou-
chants mystères, n'aient été, comme l'enseigne la tradition
de Jérusalem, conservées à la vénération des Chrétiens.

La Piscine Probatique fut aussi sauvée du désastre par
sa nature même. Elle existe encore aujourd'hui, quoique
ensevelie sous la terre ; mais on la voyait au moyen âge,
et elle a toujours servi, par son voisinage, à indiquer la
maison de sainte Anne et à empêcher que le souvenir n'en
fût perdu (2).

On sait, du reste, de quel soin jaloux les fidèles de Jérusalem entourèrent les lieux qui leur rappelaient les souvenirs
de la vie du Sauveur. Juifs d'origine pour la plupart, ils n'eurent à leur tête, durant les premiers siècles, que des évêques
sortis, comme eux, d'Israël. Plusieurs d'entre eux étaient de
la famille de Jésus et, par conséquent, de Marie et d'Anne ; ils

____

(1) Marc, XIII, 1, 2.

(2) Les écrivains des siècles derniers ont confondu, par une gros-
sière erreur, l'immense réservoir placé près de l'ancienne enceinte du
Temple et connu, à Jérusalem sous le nom de *Birket-Ismaïl*, et la
piscine de Béthesda ou de la Probatique. La piscine a été retrouvée,
dans les restaurations récentes de l'église Sainte-Anne, avec les restes
de ses portiques, auprès de cette église et dans l'enclos même qui l'en-
toure, par M. Mauss, architecte du gouvernement français.

connaissaient ces lieux sacrés par une tradition qui se perpétua longtemps sans nuages, selon le génie de l'Orient (1). C'est ce que le protestant Gibbon reconnaît lui-même dans son histoire : « Ils fixèrent, dit-il, en parlant des Chrétiens de Jérusalem, par une tradition non douteuse la scène de chaque événement mémorable (2).

Or la maison de sainte Anne avait pour les Chrétiens de la famille de Jésus, comme une double consécration. Elle ne leur rappelait pas seulement les mystères de leur foi ; elle avait encore ce charme particulier qui s'attache aux traditions de la famille, dans les races patriarcales. C'était, pour me servir encore une fois des expressions de saint Jean Damascène et de saint Sophrone, « la maison de leurs ancêtres ». Ils y revoyaient en esprit les saints personnages qui l'avaient sanctifiée, les troupeaux qu'ils y conduisaient au sacrifice. Ils y revoyaient Joachim, Anne, Marie ! Ils y rattachaient même un autre souvenir qui les touchait de près, la consécration, et peut-être l'habitation de saint Jacques, premier évêque de Jérusalem, cousin ou, comme on disait alors et comme on dit encore en Orient, frère du Seigneur et, par conséquent, neveu de sainte Anne. C'est la tradition locale que mentionne un pèlerin français dans le récit de son voyage. Il est, à la vérité, le seul qui le rapporte ; et à le voir ainsi ajouter un nouveau fleuron à la couronne de sainte Anne, je le soupçonne d'être Breton. N'est-ce pas le propre des fils bien nés de vouloir donner tous les honneurs à leur mère ?

(1) Origène, qui vivait au deuxième siècle, constate (*contra Celsum,* I, 51) que les Juifs restés infidèles, en poursuivant de leur haine les lieux sacrés de Jérusalem, ne contribuaient pas moins à en perpétuer le souvenir que les chrétiens par leur amour. Et saint Jérôme (*epist.* 46) nous apprend que, depuis le jour de l'Ascension (ce sont ses propres paroles), Jérusalem ne cessa d'être l'objet du pèlerinage des hommes les plus saints et les plus illustres de l'univers chrétien tout entier.

(2) T. IV, p. 101.

Mais, durant les persécutions, tout ce que purent les fidèles pour les Saints-Lieux, fut de les entourer des témoignages muets de leur respect et de s'y réunir en secret lorsqu'ils se prêtaient à dissimuler leurs assemblées proscrites. On sait quelle mesure sacrilège prirent les Empereurs païens pour les empêcher de continuer ces réunions au Saint-Sépulcre et au Calvaire (1). Mais la maison d'Anne, obscure et cachée, convenait mieux à des réunions mystérieuses. Y servit-elle, en effet, dans les premiers temps ? On ne peut, à cet égard, former que des conjectures. Mais les traditions vagues qui rattachent à la maison de sainte Anne le nom de saint Jacques, ont peut-être cette origine.

Dès que Constantin eut rendu la paix à l'Église, les Saints-Lieux devinrent un des objets de sa sollicitude. Sa pieuse mère, sainte Hélène, vint elle-même en Palestine, pour donner à cette œuvre un caractère plus solennel et une exécution plus prompte (2). Des temples magnifiques s'élevèrent sur les lieux témoins des principaux mystères de notre foi.

Plusieurs Pèlerins anciens, et parmi eux un Breton, bien certainement cette fois, toujours fidèle à sa Patronne, prétendent qu'Hélène n'oublia pas la maison de sainte Anne. Ils vont

(1) Ab Hadriani temporibus usque ad imperium Constantini, per annos circiter centum octoginta, in loco Resurrectionis simulacrum Jovis, in Crucis rupe statua ex marmore Veneris a gentibus posita colebatur; existimantibus persecutionis auctoribus quod tollerent nobis fidem resurrectionis et crucis, si loca sancta per idola polluissent. (S. Hieronymi *epistola* 58. — Venetiis, 1766, t. I, p. 321.)

(2) Outre les églises construites par les ordres de sainte Hélène et dont les noms nous sont connus par l'Histoire d'Eusèbe ainsi que par d'autres écrivains ecclésiastiques des premiers siècles, on sait que cette princesse en fit construire d'autres en Palestine, dont les noms ne nous sont pas connus. Nicéphore Calliste, dans son *Histoire ecclésiastique* (lib. VIII, cap. xxx), en fait monter le nombre à plus de trente : « Quin et plures ecclesias alias in sanctis illis locis supra triginta amantissima Dei femina Imperatoris mater condidit. »

même jusqu'à lui attribuer l'église actuelle. « S'y void pareillement, dit noble homme Albert Padioleau, sieur de Launay, conseiller du Roi et auditeur en sa Chambre des Comptes de Bretaigne,... la maison de sainte Anne où l'Impératrice Hélène fit bastir une église qui sert à présent de mosquée (1). »

Mais s'il est impossible de dire, sans une erreur manifeste, que l'église qu'a vue en 1635 le sieur de Launay, est l'œuvre de sainte Héléne, on peut croire qu'elle ne laissa pas sans honneurs les lieux qui rappelaient la naissance de Marie et la mort de sa Mère.

Il est certain, d'ailleurs, qu'une chapelle, tout au moins, y était dès lors établie. Nous savons, en effet, par le récit de témoins oculaires (2), qu'une Basilique y existait au commencement du sixième siècle. Or, cette Basilique était ancienne déjà, à cette époque ; car on appela Sainte-Marie-*la-Neuve* celle que Justinien fit élever, en 529, dans le même quartier de la ville (3), par opposition à celle de Sainte-Marie de la Nativité qui existait, par conséquent, avant elle.

Mais les travaux récemment faits pour la restauration de Sainte-Anne, démontrent qu'une chapelle plus ancienne avait précédé cette Basilique du cinquième siècle. On a retrouvé les restes de ses murailles, ceux de la barrière en pierre, qui fermait son sanctuaire ; et ses dispositions sont marquées dans

---

(1) *De l'antiquité, fondation, splendeur, ruyne et estat présent de la ville de Jérusalem, par noble homme Albert Padioleau, sieur de Launay, conseiller du Roy et auditeur en sa Chambre des comptes de Bretaigne.* (Nantes, Mauclerc, 1635, p. 110.)

(2) Voir Theodosius et Antonin le Martyr, cités plus bas, p. 26, note 2 et p. 27, note 1.

(3) Procope dit qu'on nommait à Jérusalem l'église de Justinien ECCLESIA NOVA. Mais le *Commemoratorium de Casis Dei* (apud Tobler, *op. cit.*, p. 302) la nomme formellement SANCTA-MARIA NOVA et l'oppose, dans le même article, avec Sainte-Marie de la Nativité, SANCTA-MARIA UBI NATA FUIT.

l'église souterraine actuelle, avec les caractères d'archaïsme
les plus manifestes (1).

Je dois ajouter toutefois que ni la chapelle primitive ni la
Basilique qui la suivit au cinquième siècle et qui subsista jusqu'au neuvième, ne portaient le nom de Sainte-Anne. Les
écrivains qui en parlent, disent bien, comme nous l'avons vu
pour saint Jean Damascène et pour saint Sophrone, que ce
fut là que « la glorieuse Anne engendra Marie ; » mais l'église
n'était pas sous son vocable ; elle portait exclusivement, dans
ces premiers siècles, le nom de la Mère de Dieu avec le titre
de la Nativité : *Sancta Maria ubi nata fuit,* ou simplement :
Basilica Sanctæ Mariæ.

La première mention de cette Basilique de la Nativité de
Marie se trouve dans le pèlerin Theodosius qui visita la Palestine en l'an 530 et qui, dans le récit de son pèlerinage, mentionne ainsi notre sanctuaire : « Près de la Probatique où les
malades se baignaient et étaient guéris, est l'église de la bienheureuse Vierge Marie (2). »

Moins de cinquante ans après, saint Antonin, le Martyr de
Plaisance, visita la même église voisine de la Probatique, et il

---

(1) Dans son savant livre sur *les églises de la Terre-Sainte* (Paris,
Didron, 1860), M. le comte de Vogüé en parle ainsi : « Il est évident,
d'après la description des absidioles, que cette première grotte a servi
d'église *dans les temps les plus reculés.* Elle était ornée de peintures et
de dorures qui se voyaient encore distinctement du temps de Quares-
mius et du P. Naud. Maintenant cette décoration est détruite et se
réduit à quelques débris. Pourtant on peut encore reconnaître, dans
une petite niche située à côté de l'absidiole centrale, les restes d'une
Panagia byzantine sur fond bleu. J'ai pu constater aussi, sous l'enduit
peint qui ne peut être postérieur au douzième siècle, l'existence d'un
second enduit également couvert de peintures, et qui doit appartenir à
une époque très ancienne (p. 238). »

(2) Juxta piscinam probaticam, ubi se lavabant infirmi et sanaban-
tur, est ecclesia beatæ Virginis. (Tobler, *Itinera et Descriptiones Terræ
Sanctæ.* Genève, Fick, 1877, p. 65.)

mentionne expressément le lieu de la naissance de Marie, c'est-à-dire la maison d'Anne : « En retournant dans la ville, nous vînmes à la Piscine Probatique près de laquelle est la Basilique de Sainte-Marie, là où elle est née (1). »

Je viens d'écrire, après saint Antonin, le mot de BASILIQUE. A cette époque, en effet, l'humble chapelle des premiers siècles a disparu, et c'est une vraie Basilique qui est élevée sur la maison de sainte Anne. Ici les textes ne sont plus nécessaires ; car nous avons, comme je viens de le dire, des restes de cet édifice, existant encore autour de l'église actuelle. Ces restes sont ceux d'une Basilique grecque, identique, pour le style, à celles qui furent construites, dans la Palestine, au quatrième siècle, par sainte Hélène, et, au cinquième, par l'impératrice Eudoxie (2). Quiconque comparera les colonnes en granit gris, retrouvées à sainte Anne, par M. Mauss, le style de leurs bases et de leurs chapiteaux, la forme de leurs croix, avec celles des Basiliques de la Palestine, dites Constantiniennes, ne conservera aucun doute sur cette communauté d'origine.

Mais non seulement la maison de sainte Anne ou, comme on disait alors, la Nativité de Marie avait son temple magnifique ; elle était favorisée des marques les plus éclatantes de la miséricorde de Dieu, de la puissance d'Anne et de Marie.

______

(1) Revertentibus nobis in civitatem venimus ad Probaticam Piscinam, juxta quam est Basilica Sanctæ Mariæ, ubi est nata. (*Ibid.*, p. 137.)

(2) Les données historiques rendent plus probable l'opinion qui rapporte cette construction au temps d'Eudoxie. Alors, en effet, surtout après le concile d'Éphèse, qui avait condamné l'hérésie de Nestorius, le culte de la sainte Vierge avait pris, dans tout l'Orient, un développement considérable. Eudoxie elle-même avait fait élever à Marie, de concert avec l'impératrice Pulchérie, sa belle-sœur, trois temples magnifiques dans la ville de Constantinople. Il est naturel de croire qu'elle poursuivit à Jérusalem la même pensée, en élevant une basilique sur le lieu de la nativité de Marie.

Que diraient vos pieux Pèlerins, et que diriez-vous peut-être vous-même, Monseigneur, si je vous donnais la preuve qu'il y a plus de treize cents ans, c'est-à-dire dès le sixième siècle au moins, on accourait de toutes parts à la maison de sainte Anne, pour y obtenir des miracles, comme aujourd'hui à Sainte-Anne d'Auray ; si je prouvais que les *ex-voto* qui couvrent les murs de votre sanctuaire, les mêmes, les plus simples, ceux qui font sourire les esprits forts et blasphémer les hérétiques, ces membres malades, ces mains, ces pieds, naïvement reproduits par la reconnaissance, couvraient aussi les murs de cette Basilique du cinquième siècle, bâtie sur la Maison de sainte Anne à Jérusalem.

Et cependant ces preuves existent. Je les ai retrouvées, avec quelle heureuse surprise ! vous pouvez le comprendre et vos Bretons le comprendront aussi.

Pour les miracles, ils sont affirmés par des contemporains.

Antonin le Martyr, que j'ai déjà cité plus haut, parlant de notre Sanctuaire à un autre endroit de son récit, écrit, en effet, ce qui suit : « Nous vînmes à la Piscine natatoire QUI A CINQ PORTIQUES, DANS L'UN DESQUELS EST LA BASILIQUE DE SAINTE-MARIE OU S'OPÈRENT BEAUCOUP DE MIRACLES (1).

Quant aux *ex-voto*, leur existence est établie par une découverte, aussi intéressante que curieuse, faite dans les travaux de restauration de Sainte-Anne.

Parmi les débris de la Basilique primitive, employés et comme perdus dans les blocages de l'église actuelle, on a retrouvé un pied de marbre blanc, destiné à être suspendu dans le sanctuaire, et exactement semblable aux pieds en cire ou

______

(1) Revertentes ad civitatem venimus ad piscinam natatoriam quæ quinque porticus habet, et in una earum est Basilica sanctæ Mariæ UBI MULTÆ FIUNT VIRTUTES. (Tobler, *op. cit.*, p. 128.)

Antonin nomme ici la piscine natatoire ; mais c'est une erreur évidente. La piscine de la Probatique avait seule cinq portiques, et c'est d'elle qu'il est question dans ce texte.

en bois, que l'on voit encore dans nos Pèlerinages. Et pour qu'il ne puisse rester aucun doute sur sa destination, celle qui offrait cet *ex-voto* au sanctuaire de Sainte-Anne, avait eu soin d'y faire graver une inscription. Elle était Grecque, et se nommait Lucia Pompilia. Et le pied de marbre, offert par elle, porte, comme nous le dirions dans notre langue actuelle : *Ex-voto offert par Lucia Pompilia* (1).

III

Ces hommages de la piété des Fidèles, qui marquèrent les siècles où la paix était assurée aux chrétiens, ne devaient pas durer longtemps. Les troubles et les violences ne tardèrent pas à succéder, dans la Palestine, à la paisible domination des successeurs de Constantin.

Durant près de cinq siècles, c'est-à-dire depuis l'invasion de Chosroès, en 614, suivie bientôt de celle du khalife Omar, en 638, jusqu'à l'arrivée des Croisés, à la fin du onzième siècle, la Terre-Sainte fut une proie que se disputèrent les vainqueurs. Les passions de races, les haines de religion firent de cette lamentable période une sorte de chaos où il est difficile de suivre l'histoire des provinces et des royaumes, à plus forte raison celle d'une maison, même lorsque cette maison est celle d'Anne et de Marie.

J'ai voulu, cependant, percer cette obscurité ; car c'est durant cette période que notre sanctuaire a pris, par un mystérieux échange et pour des motifs inexpliqués jusqu'ici, le nom de la Mère, au lieu du nom de la Fille.

La tâche a été rude, à travers les imprimés, les manuscrits,

---

(1) C'est exactement ce que signifie l'inscription grecque :

ΛΟΥΚΙΑ ΠΟΜΠΙΛΙΑ ΑΝΕΘΗΚΕΝ.

les pierres enlevées au sol, à qui je demandais leur secret. Mais la Mère de votre Bretagne m'a obtenu, sans doute, pour ce travail, quelque chose de l'obstination de ses fils ; et je suis enfin parvenu, je crois, à résoudre, au moins dans ses données essentielles, ce problème qui doit le plus intéresser votre piété.

Tranquillisez-vous, Monseigneur ; je ne vous ferai pas traverser ces mille sentiers bordés d'épines. Je me propose de faire œuvre d'édification et non œuvre d'érudit. Je me contenterai de vous dire les résultats de mes recherches, remettant à l'ouvrage plus étendu que je prépare, d'exposer, un jour, celles-ci dans le détail.

Dans la longue période d'invasions et de troubles dont je viens de parler, je signalerai donc simplement les trois époques où les Lieux-Saints de Jérusalem eurent à subir la violence des vainqueurs, et, par conséquent, à changer d'état. J'étudierai ce que l'église de la Nativité de Marie est devenue après chacune d'elles, et je chercherai à établir celle où lui a été donné son nom nouveau.

La première de ces trois époques est celle de Chosroès et de ses Perses, au commencement du septième siècle.

La seconde, celle de la longue anarchie qui suivit, au neuvième siècle, la mort d'Haroun-al-Raschid et de Charlemagne.

La troisième, celle de la persécution sauvage du khalife Hakem qui, au commencement du onzième siècle, brûla vif, sur les ruines des temples de Jérusalem, Oreste, qui en était le Patriarche, et auquel l'attachaient les liens du sang.

A chacune de ces trois époques, les Lieux-Saints furent dévastés, leurs sanctuaires saccagés avec une rage qu'excitaient les Juifs de la Palestine, toujours obstinés dans leur haine. Mais la fureur de ces persécutions produisit chaque fois, dans le monde chrétien, une réaction puissante. Grâce au concours qui leur fut donné, les Patriarches de Jérusalem purent relever leurs sanctuaires.

Après la destruction des églises et l'enlèvement de la Vraie Croix par Chosroès (1), ce fut Modeste qui pourvut à la restauration des Lieux-Saints. Il y fut aidé par toutes les Églises d'Orient et surtout par saint Jean l'Aumônier, patriarche d'Alexandrie (2). Bientôt la Ville-Sainte vit ses temples rouverts et l'empereur Héraclius rapporter sur ses épaules le bois de la Vraie Croix, qu'il avait reconquis.

Si, comme on doit le croire, les lambris de la basilique grecque de Sainte-Anne avaient été incendiés avec ceux des principales églises de la Palestine (3), il est certain qu'ils n'avaient pas tardé du moins à être rétablis.

(1) En 614, Chosroès, roi des Perses, prit Jérusalem, massacra 90,000 chrétiens et détruisit le Saint-Sépulcre : « Hoc anno (614), circa mensem Junium, malum nobis accidit perpetuo luctu prosequendum. Cum aliis quippe compluribus Orientis civitatibus, Hierusalem a Persis capta est, multis Clericorum, Monachorum, Sanctimonialium et Virginum millibus trucidatis. Incensum etiam Dominicum sepulcrum et celeberrima Dei templa, et, ut verbo dicam, pretiosa omnia destructa. Veneranda Crucis ligna cum sacris vasis innumeris capiuntur a Persis, et Zacharias patriarcha captivus abducitur. Atque hæc omnia non multa anni parte, nec toto mense, sed intra paucos dies contigere. (*Chronicon Paschale*. Paris, typogr. reg., p. 385.) » Cet *incensum* prouve que les lambris tout au moins de ces temples étaient en bois, selon le style des basiliques. En 629, quatre églises bâties par le patriarche Modeste remplaçaient, sur le Saint-Sépulcre, la Basilique de Constantin.

(2) Voici les secours que ce saint Patriarche envoyait à Modeste, et les paroles admirables qu'il lui adressait : « Ad Hierosolymorum relevationem et reædificationem misit numismata mille, et mille saccos plenos frumento, et mille legumina, mille libras ferri, mille restes siccatorum piscium, mille vascula vini, et mille ægyptios operarios, addens per litteras ad Modestum scriptas : Da mihi veniam, vere Christi operator, nihil dignum templis Christi mittendi. Vellem enim, crede mihi, si esset conveniens, et ego ipse venire et ipse operari in domo sanctæ Christi Resurrectionis. »(Bolland. *Acta Sanctorum*, t. XVI, p. 31.)

(3) Incensum etiam Dominicum sepulcrum et celeberrima Dei templa. (*Chronicon Paschale, supra cit.*)

Il est certain également que notre sanctuaire conserva son nom après les restaurations de Modeste.

C'est son successeur saint Sophrone, qui en rend témoignage dans ces vers que j'ai déjà cités : « J'entrerai dans la Sainte Probatique où la glorieuse Anne engendra Marie ; j'entrerai dans ce temple, LE TEMPLE DE LA TRÈS PURE MÈRE DE DIEU, je couvrirai de mes baisers ces murs qui me sont si chers ; je passerai avec respect sur cette place où est née, dans la demeure de ses pères, la Vierge Reine, où le paralytique est monté, portant son grabat et déjà guéri par l'ordre du Verbe. »

Mais nous avons une autre preuve que notre Sanctuaire conservait, au moins un siècle plus tard, son nom de la Nativité de Marie et, par conséquent, son caractère primitif.

La période de paix, qui commence après le traité conclu par Omar avec les Chrétiens de Jérusalem (1), se prolonge jusqu'à Charlemagne dont le grand nom rappelle la gloire de la France en même temps que le commencement de sa mission séculaire en Orient.

Grâce à sa renommée qui remplissait le monde, ce grand homme avait, si l'on peut s'exprimer ainsi, conquis de loin la Ville-Sainte. Haroun-al-Raschid déclara annexer Jérusalem au domaine de l'Empereur (2), les clefs en furent portées à ce prince (3), et il ne cessa, durant tout le cours de son règne, d'y

---

(1) Omar s'empara de Jérusalem en 637 et accorda aux Chrétiens la sécurité de leurs personnes et de leur culte : « Conceditur securitas tum personarum..., tum omnium templorum, ne destruantur aut odiosa sint. (Elmacin, cité par Lequien, *Oriens christianus,* t. III, p. 278.)

(2)   Adscribique locum sanctum Hierosolymorum
    Concessit (Aaron) propriæ Caroli semper ditioni.
    (*Poetæ Saxon, Annales.* Dans le *Recueil des Historiens de la Gaule,* t. V, p. 167. Paris, Impr. nation.)

(3) Anno 799, septimo Kalendas decembris Zacharias cum duobus monachis, uno de Monte Oliveti, altero de sancto Sabᴀ, de Oriente reversus Romam venit ; quos patriarcha Hierosolymitanus cum Zacha-

fonder des établissements, d'y envoyer des secours (1). Parmi ses Capitulaires, il y en eut deux au moins par lesquels il ordonnait des quêtes dans toutes les églises de son empire pour les Lieux-Saints de Jérusalem (2).

C'était la joie et l'honneur de sa grande âme de maintenir ainsi, par une vue supérieure, le culte de Notre-Seigneur aux lieux où Il a souffert et qui sont restés, quoi qu'on ait fait, le centre des destinées politiques et religieuses de l'Orient.

Votre Bretagne, puisqu'elle était chrétienne et unie à l'em-

---

ria ad Regem misit. Qui benedictionis causa claves sepulcri Dominici ac loci Calvariæ, claves etiam civitatis et montis cum vexillo detulerunt. Quos Rex benigne suscipiens aliquot dies secum detinuit et Aprili mense remuneratos absolvit. (*Annales Francorum. Op. cit.*, p. 52.)

(1) Les témoignages de l'intérêt constant de Charlemagne pour les Lieux-Saints abondent dans les historiens de son règne :

« Anno DCCC, Carolus Hierosolymam ad Sancta Loca insignia dona transmisit. » (*Ex Hermanni Chronico. Ibid.*, p. 365.)

« Anno DCCXCIX, monachum reverti volentem absolvens (Rex), Zachariam quemdam presbyterum de palatio suo cum eodem ire jussit : cui et donaria sua ad illa veneranda loca deferenda curavit. » (*Eginhardi Annales. Op. cit.*, p. 214.)

    « Ad Hierosolymam seu cætera quæ loca Christi
      Gestis corporeis sanctificata manent,
    Sæpius indignis donanda fidelibus auri
      Misit et argenti pondera non modica. »
        (*Poetæ Saxon. Annales. Op. cit.*, p. 181.)

    « Per quem magna locis misit donaria sanctis
    Atque viris inopem vitam ducentibus illic
    Et mala perpessis mundi sub nomine Christi. »
        (*Ibid.*, p. 164.)

(2) Anno 799. Pro restauratione ecclesiarum Hierosolymorum Carolus collectam more majorum indixit. Est ea de re titulus in ejus Capitularibus his verbis inscriptus : De eleemosyna mittenda in Hierusalem propter ecclesias Dei restaurandas, proximo Natali Domini. Ipsum vero decretum seu Capitulum excidit. (*Baronii Annales*, t. IX, p. 424.)

Capitulare anni 810. De eleemosyna mittenda ad Hierusalem propter ecclesias Dei restaurandas. (*Historiens des Gaules*, t. V, p. 682.)

pire de Charlemagne, contribua donc à ces aumônes prélevées
sur toutes les provinces chrétiennes de l'Occident. Elle sera
heureuse d'apprendre, par un document précis, qu'elle a con-
tribué, dès lors à maintenir, entre les autres, le sanctuaire de
Celle qui devait être un jour sa Patronne.

On a découvert récemment, et Titus Tobler (1) a reproduit,
après le savant M. de Rossi (2), un document du règne de
Charlemagne, qui, d'après son contenu, ne peut se rapporter
qu'à la distribution des quêtes ordonnées par ce prince. Or, le
Sanctuaire de Sainte-Anne y est formellement mentionné sous
le nom qu'il portait encore à cette époque (810 de notre ère),
de la Nativité de Sainte-Marie.

Ce document, retrouvé dans la bibliothèque de Bâle et inti-
tulé « *Abrégé du Mémoire sur les Maisons de Dieu et les
Monastères qui sont à Jérusalem* », est consacré au dénombre-
ment exact du personnel ecclésiastique et religieux qui des-
servait alors chacun des sanctuaires de la Terre-Sainte, à
donner la dimension des princiqaux d'entre ces sanctuaires, et,
ce qui est plus significatif, à l'évaluation de leurs dépenses.

On y apprend, par exemple, que, dans l'église du Saint-
Sépulcre, le Patriarche de Jérusalem était assisté par cent
cinquante ministres sacrés, prêtres, diacres, sous-diacres,
clercs ou moines ; que, au mont des Oliviers, il y avait des
reclus de diverses nations, parmi lesquels six Latins et un
Arabe ; qu'à Bethléem, on trouvait deux stylites, vivant sur
leurs colonnes, à l'exemple de saint Siméon. On y lit, qu'au
Saint-Sépulcre se trouvaient dix-sept femmes consacrées au
service du sanctuaire, originaires de l'empire de Charlemagne, « *de Imperio Domini Caroli* ». On y donne la mesure
exacte, en longueur et en largeur, des églises du Calvaire,
du Saint-Sépulcre, de Bethléem, de l'Assomption, les dépenses

---

(1) Tobler, *Itinera et Descriptiones Terræ Sanctæ*. Genève, Fick, 1877.
(2) De Rossi, *Bulletino d'archeologia sacra*, III, 81-88.

du patriarcat pour l'entretien des prêtres, des moines, des églises, et dans ces dépenses figure même un tribut annuel de 580 sous d'or payable aux Arabes par le Patriarché.

Or, arrivé à notre sanctuaire, le *Commemoratorium de Casis Dei* en parle en ces termes : « *A Sainte-Marie, au lieu où elle est née, à la Probatique, Clercs,... cinq ; Recluses consacrées à Dieu, vingt-cinq* » (1).

Comme l'auteur qui était sujet de Charlemagne, ne manque pas, lorsqu'il s'agit de prêtres ou de religieux latins, d'en faire une mention spéciale (2), l'absence de cette mention prouve que les clercs et les religieuses qui desservaient alors la maison de sainte Anne, appartenaient au rite grec.

C'était donc le même monastère où saint Jean Damascène prêchait, au siècle précédent, ses Homélies dans la langue de la Grèce, et comme on le voit, il portait encore le même nom.

Il ne devait plus, toutefois, le porter longtemps.

Après la paix de Charlemagne commence la seconde période de destruction des Lieux-Saints. C'est l'anarchie du neuvième siècle, durant laquelle, l'un après l'autre, les sanctuaires, restaurés par Modeste, s'écroulent sous les coups des persécuteurs ou sous les injures du temps et de l'abandon.

Nous avons, à cet égard, le témoignage précis de l'historien Théophane (3) et celui du patriarche Élie qui entreprit de

---

(1) In Sancta Maria, ubi nata fuit in Probatica, Clerici..... V, Inclusæ Deo sacratæ, XXV. (*Commemoratorium de Casis Dei vel monasteriis.* Apud Tobler, *op. cit.*, p. 302.)

(2) Au mont des Oliviers, par exemple, il dit : *Inclusi qui sedent per cellulas,... Læteni, V.* — Au Saint-Sépulcre : *De imperio Domini Caroli quæ ad sepulcrum Domini serviunt, Deo Sacratæ, XVII, Inclusa de Hispania, I.* (Tobler, *op. cit.*, p. 302.)

(3) Eodem anno [812], multi Christianorum ex Palestina et Syria in Cyprum venere, fugientes immensam Arabum afflictionem. Cum enim

reconstruire ces églises déjà tombées ou prêtes à tomber en ruines (1).

Or, d'après la chronique de Théophane, les églises de la Sainte Vierge, eurent particulièrement à souffrir alors, à Jérusalem, des dévastations des persécuteurs.

Parmi les sanctuaires de la Sainte Vierge, celui de sa Nativité, à la Probatique, était certainement l'un des plus illustres, et on ne peut douter qu'il n'ait partagé le sort général.

On peut aussi affirmer, sans crainte, que c'est durant cette période, que la basilique grecque du cinquième siècle, élevée sur le lieu même de la naissance de Marie, céda la place

---

sine generali principatu Syria esset et Egyptus et Africa, et in omni principatu qui sub ipsis est, homicidia, rapinæ, alduteria et omnes Deo odibiles actiones in civitatibus et villis a divinitus peritura gente perpetrabantur, inque alma Dei nostri civitate COLENDA LOCA SANCTÆ DEI GENITRICIS et Resurrectionis ac Calvariæ seu reliqua profanata sunt. Similiter et lauræ eremi opinatissimæ S. Charitonis et S. Sabæ et reliqua monasteria et ecclesiæ desertæ factæ sunt. (Theophan., *apud Baronii Annales*, t. IX, p. 506.)

(1) Cum diuturna vetustate OMNES ECCLESIAS NOSTRAS PARTIM DIRUTAS PARTIM CASURAS aspiceremus, nec ullum penitus aurum ad has erigendas haberemus, magnis gemitibus et assiduis orationibus Domini misericordiam cœpimus implorare, ut nobis ad laudem sui magnifici nominis aditum reseraret quo has possemus nostris sudoribus ac nostro tempore restaurare. Tunc divina Providentia gestum est ut princeps hujus climatis, christianus factus, hanc primitus legem dederit ut ecclesiæ Dei a christianis reædificarentur atque recuperarentur. Quam rem divinitus ordinatam atque decretam audientes, nec debuimus nec potuimus utcumque contemnere : quippe quæ nobis semper in votis erat, et quam cœlitus postulatam et indultam luce clarius videbamus. Quapropter erecti et in Domino corroborati, AD HAS RENOVANDAS ATQUE RESARCIENDAS totius virtutis animum prorsus, armavimus...... Itaque, auxiliante mundi totius Opifice, TAM DIRUTAS QUAM JAMJAM CASURAS ECCLESIAS NOSTRAS MAGNA EX PARTE DE COMMODATIS NOBIS SUMPTIBUS UTCUMQUE RESTAURAVIMUS. (*Epistola Heliæ patriarchæ Hierosol. ad Carolum imp.*, anno Domini 881. — *Recueil des Historiens des Gaules*, t. IX, p. 294.)

à une église byzantine qui reçut le nom de Sainte-Anne.

Cette église byzantine est celle-là même qui existe encore aujourd'hui, au moins quant à la portion principale de son œuvre qui porte tous les caractères des édifices byzantins de cette époque. Mais, au fond, la date précise de sa construction n'a pas une grande importance religieuse pour nous. Ce qui est intéressant surtout pour votre Bretagne, c'est de savoir quelle fut la cause de son changement de nom et comment le titre de Sainte-Anne lui fut donné.

Toutes les analogies (1) semblent prouver que la consécration à sainte Anne de l'église nouvelle, construite sur l'emplacement de celle de la Nativité de Marie, a coïncidé avec la translation, dans ce sanctuaire, de reliques insignes de notre Sainte.

L'examen attentif de la disposition du sanctuaire inférieur confirme également cette conjecture. La basilique grecque primitive, construite en l'honneur de la Nativité de Marie et sur le lieu même où, d'après la tradition de Jérusalem, la Sainte Vierge était née, avait certainement son sanctuaire et son principal autel directement au-dessus de ce lieu vénérable.

C'est un usage tellement constant, dans les basiliques an-

---

(1) On voit par l'histoire des Églises orientales, principalement par celle de Constantinople, que les constructions des plus célèbres églises eurent lieu à l'occasion de la translation des Reliques insignes des Saints les plus illustres. On sait que les impératrices Eudoxie et Pulchérie firent demander au Patriarche de Jérusalem, par l'empereur Théodose II, le corps de la Sainte Vierge Marie, pour le placer dans la Basilique élevée par leurs soins dans la ville impériale et connue sous le nom de Blaquernes. La réponse que leur fit le Patriarche est fameuse dans l'Histoire de l'Église, parce qu'elle constate le miracle de l'Assomption de la Sainte Vierge. Mais ne pouvant envoyer le corps de la Mère de Dieu, il envoya du moins le linceul qui l'avait enveloppé, avec un fragment de sa tombe, et ces reliques furent déposées avec une grande solennité dans la Basilique dédiée à la Sainte Vierge.

ciennes de la Palestine, qu'il ne souffre pas d'exception (1). Or,
dans l'église byzantine du neuvième siècle, le lieu de la nativité de Marie n'est plus sous le sanctuaire ; il est placé sous un
des bras du transept.

Une autre crypte existe, au contraire, sous l'autel majeur, et
cette crypte est postérieure à la transformation en sanctuaire
du lieu de la nativité ; car, pour la faire communiquer avec ce
sanctuaire, on a sacrifié l'une des trois absidioles primitives,
celle de droite ; à sa place est l'entrée du couloir obscur qui
conduit à la crypte.

Or cette crypte, placée sous l'autel, et communiquant avec
lui par un regard ménagé dans le pavé du sanctuaire (2), in-

______

(1) C'est ainsi que le lieu de la Nativité de Notre-Seigneur à
Bethléem est placé directement sous l'emplacement de l'autel supérieur ; le Saint-Sépulcre, le tombeau de la Sainte Vierge occupent le
centre du sanctuaire et supportent directement l'autel. — A Rome et
dans le reste du monde chrétien, il en est de même : les cryptes des
Saints sont situés sous le maître-autel.

(2) Cette disposition est la même que celle qui était adoptée
dans les églises grecques de la Palestine pour les cryptes qui contenaient les Reliques des Saints titulaires de l'église. Tout s'y retrouve, même l'orifice qui met en communication la tombe du Saint
et le sanctuaire. Jean Phocas nous en donne un très curieux exemple
dans le récit de son pèlerinage accompli durant les Croisades, à l'occasion de l'église de Saint-Georges de Lydda :

« Ce temple est en forme de coupole, et au centre du Sanctuaire,
sous le sol de la sainte table, est ouvert un regard sur la crypte qui sert
de tombeau. Cet orifice est entouré de marbre blanc. Mais je crois devoir rapporter ce qui s'est passé il y a peu d'années dans le sépulcre du
Saint. Les clercs de l'église m'ont dit, en effet, que, l'Évêque latin actuel, ayant voulu faire ouvrir l'orifice du sépulcre et ayant enlevé la
table de marbre qui le couvrait, on aperçut une grande caverne, et au
milieu le sépulcre du Saint. Et comme on voulut aussi ouvrir le sépulcre, il s'en échappa un grand feu qui brûla à moitié l'un de ceux
qui s'efforçaient de commettre cette violence, et en tua un autre subitement. » (Joan. Phocas, *Recueil des historiens des Croisades. Historiens grecs*, t. I, p. 557. Paris, Imp. nation., 1875.)

dique qu'elle est considérée dès lors comme le centre même du culte dans l'église nouvelle ; elle montre que le lieu de la nativité de Marie n'est plus l'objet principal des préoccupations religieuses de ceux qui l'ont élevée.

Mais qu'a-t-on pu chercher à honorer plus encore que le lieu même de la naissance de Notre-Dame, et qui a pu déterminer la substitution du nom de sainte Anne à celui de Marie, sinon la translation en ce lieu de ses reliques sacrées ?

Telles étaient mes conjectures.

Mais peut-être ne serais-je pas arrivé à la certitude, sans le secours d'un de ceux de nos Missionnaires d'Alger qui résident à Sainte-Anne de Jérusalem, le P. Toulotte, arabisant d'un mérite rare, relevé par une modestie plus rare encore. Chargé par moi de fouiller, à cette intention, les bibliothèques de la Palestine et principalement leurs œuvres arabes, ce Père m'a récemment transmis un texte qui fait définitivement la lumière sur le motif du changement de nom de notre Sanctuaire. Il lève également tous les doutes sur la question de savoir si l'église actuelle de Sainte-Anne est l'œuvre des Croisades, comme on l'a quelquefois prétendu, ou si elle leur est antérieure comme je viens de l'affirmer, en la faisant remonter à la fin du neuvième ou, au plus tard, au dixième siècle.

Ce texte est extrait de l'historien musulman le plus savant de la Ville-Sainte, Medjer-Ed-Din, cadi de Jérusalem, deux siècles environ après le départ des Croisés. Chargé par son office de la conservation des archives de cette ville, il était à même d'être parfaitement renseigné sur l'origine des établissements et surtout des établissements religieux de la capitale de la Palestine.

Voici ce que, à l'occasion de la transformation de Sainte-Anne en médersé par Saladin, il écrit de notre église :

« La médersé Salahieh, fondée par Salah-Ed-Din, EST UNE

ÉGLISE DU TEMPS DES GRECS, appelée tombeau d'Anne, PARCE QUE, SELON LA TRADITION, ELLE RENFERME LE TOMBEAU D'ANNE, MÈRE DE MARIE. Salah-Ed-Din l'a fondée en 588 (1192 de l'ère chrétienne). La charge de cheikh de cette école est une des principales de l'empire musulman. »

Cette fois, rien n'est plus clair :

L'église est DU TEMPS DES GRECS, ce qui, dans le langage constant de Medjer-Ed-Din, et des autres écrivains musulmans de la Palestine, signifie qu'elle est antérieure à l'arrivée des Francs.

Elle porte le nom de Sainte-Anne, PARCE QU'ELLE RENFERME SON TOMBEAU.

Ces renseignements, si précieux pour nous, sont confirmés par le texte déjà connu d'un autre écrivain arabe qui vivait vers la fin des Croisades, Abulféda, l'historien de Saladin, et qui, parlant comme Medjer-Ed-Din de la transformation de Sainte-Anne en médersé, disait, dans des termes moins explicites à la vérité, mais au fond semblables : « Le sultan, étant revenu à Jérusalem…, augmenta les revenus du collège qu'il y avait fondé. AVANT L'ISLAMISME, CE COLLÈGE ÉTAIT CONNU SOUS LE NOM DE SAINTE-ANNE ; ON DIT QUE LE TOMBEAU D'ANNE, MÈRE DE MARIE S'Y TROUVE. Sous l'Islamisme, et avant que les Croisés ne s'emparassent de Jérusalem, Sainte-Anne avait été convertie en mosquée. Les Croisés, après s'être emparés de la ville, la rendirent à sa première destination. Le sultan, devenu une seconde fois maître de la ville, changea Sainte-Anne en école ; il en confia la direction et l'administration au cadi Bohaddin, fils de Sieddadi (1). »

Ces deux textes, on le voit, se complètent l'un l'autre.

---

(1) C'est seulement vers la fin du dixième siècle et après le règne de Jean Zimiscès, qui mourut en 975, que les califes musulmans restèrent

D'après Medjer-Ed-Din, l'église porte le nom de Sainte-Anne, PARCE QU'ELLE RENFERME LE TOMBEAU D'ANNE, MÈRE DE MARIE.

D'après le même auteur, elle a été bâtie DU TEMPS DES GRECS, c'est-à-dire avant les Croisades.

Enfin, d'après Abulféda, Sainte-Anne avait déjà son nom actuel AVANT L'ISLAMISME, c'est-à-dire, selon sa manière de parler, avant l'établissement définitif de la domination musulmane à Jérusalem, ce qui correspond à la fin du dixième siècle (1).

Nous sommes donc, aujourd'hui, en droit de dire, comme je l'avais d'abord simplement conjecturé :

---

définitivement les maîtres de la Palestine. Zimiscès avait reconquis cette province et placé une garnison chrétienne à Jérusalem qui lui avait fait sa soumission. C'est cet empereur lui-même qui' nous apprend ces détails dans une lettre adressée par lui à Aschod, roi d'Arménie. Voici comment il s'exprime : « Nous nous dirigeâmes vers le » lac de Tibériade, là où Notre-Seigneur Jésus-Christ, avec deux » poissons et cinq pains d'orge, fit son miracle. Nous résolûmes d'as- » siéger cette ville ; mais les habitants vinrent nous annoncer leur » soumission et nous apporter, comme ceux de Damas, beaucoup de » présents et une somme de 30,000 tahégans, sans compter les autres » objets. Ils nous demandèrent de placer à leur tête un commandant à » nous, et nous donnèrent un écrit par lequel ils s'engagèrent à nous » rester fidèles et à nous payer un tribut à perpétuité. Alors nous les » avons laissés libres du joug de la servitude, et nous nous sommes » abstenus de ruiner leur ville et leur territoire. Nous leur avons » épargné le pillage, parce que c'était la patrie des Saints Apôtres. Il » en a été de même de Nazareth, où la Mère de Dieu, la Vierge Marie, » entendit de la bouche de l'ange la *bonne nouvelle*. Étant allés au » mont Thabor, nous montâmes au lieu où le Christ, notre Dieu, fut » transfiguré. Pendant que nous faisions halte, des gens vinrent à » nous, de Ramla et de Jérusalem, solliciter notre royauté et implorer » notre merci. Ils nous demandèrent un chef, se reconnurent nos tri- » butaires, et consentirent à accepter notre domination ; nous leur » accordâmes ce qu'ils souhaitaient. Notre désir était d'affranchir le » saint tombeau du Christ des outrages des musulmans. » (*Extraits de la Chronique de Mathieu d'Édesse,* dans le *Recueil des Historiens des Croisades.* Documents arméniens. T. I, p. 15. Paris, Impr. imp., 1869.)

Que le changement de nom de Sainte-Anne est dû à la translation de son tombeau ;

Que cette translation eut lieu après le commencement du neuvième et avant la fin du dixième siècle ;

Que c'est durant cette période et avant l'arrivée des Croisés, que l'église fut reconstruite.

Si, en dehors de ces points désormais assurés, on voulait recourir aux conjectures pour préciser, dans la période que je viens d'indiquer, l'époque et les auteurs de l'église actuelle de Sainte-Anne, je crois que l'on arriverait sans trop de peine à cette conclusion du moins probable, qu'elle a été commencée et peut-être terminée sous le règne de l'empereur Basile le Macédonien et par les soins du patriarche Élie, c'est-à-dire entre l'an 870 et l'an 886 de notre ère (1).

---

(1) Les motifs qui rendent très probable, à cette époque, la reconstruction de l'église de Sainte-Anne, sont, d'une part, que le patriarche Élie affirme AVOIR RECONSTRUIT ou restauré TOUTES LES ÉGLISES de Jérusalem, dans sa lettre à Charles le Chauve, dont les fragments sont cités plus haut (note . , p.   ), et de l'autre, que Basile le Macédonien avait lui-même une dévotion particulière pour sainte Anne. Ce prince fit, en effet, rebâtir, dans le quartier du Deutéron, à Constantinople, l'église bâtie en l'honneur de cette Sainte. Et, ce qui est plus significatif encore, c'est que les historiens byzantins de la décadence affirment que cette église renfermait de leur temps le corps de sainte Anne avec son manteau. Ils varient à la vérité sur l'époque de la translation de ces Reliques ; mais Cedrenus le Curopalate, qui en vertu de sa charge devait être le mieux informé des traditions relatives aux fondations impériales, dit que cette translation eut lieu *après Justinien II*; ce qui peut très bien se rapporter au temps de Basile le Macédonien qui régna au siècle suivant.

Dans ce cas, j'y vois une raison de plus de confirmer mon opinion : la translation des reliques de sainte Anne à Constantinople, celle de son tombeau dans son église de Jérusalem auraient eu lieu dans le même temps.

Mais je me contente de cette indication à cause du faible intérêt que cette question présente au point de vue religieux.

A ce dernier point de vue, la seule objection que l'on puisse faire au témoignage des deux historiens arabes de la Palestine, est que le tombeau de sainte Anne, qu'ils disent exister dans son église, se voit aujourd'hui dans l'église de l'Assomption de Marie, avec celui de saint Joachim. Mais la difficulté n'est qu'apparente. Ces tombeaux qui se trouvaient déjà depuis neuf siècles dans la vallée de Josaphat (1), au moment de leur translation, y ont été évidemment rapportés par les Chrétiens, lorsque l'église de Sainte-Anne, livrée aux mains des Turcs, n'offrit plus que le spectacle de la profanation la plus lamentable. Il est certain qu'ils ne s'y trouvaient plus à la fin du quinzième siècle.

Quant à leur présence dans notre sanctuaire, avant et pendant les Croisades, et au moins deux siècles après, il est impossible de la nier, sans nier toute certitude historique.

Ici, les preuves abondent et je suis heureux de les recueillir, car elles intéressent vraiment le culte de sainte Anne.

Nous venons d'entendre le témoignage formel de deux his-

---

(1) Il est incontestable que les tombeaux de sainte Anne et de saint Joachim ne furent point, à l'origine, placés près de leur demeure. C'était une loi inviolable, chez les Romains comme chez les Juifs, que l'on n'enterrât pas les morts dans l'intérieur des villes : *In civitate ne sepelito neve urito.* Les deux saints Patriarches durent donc être ensevelis, selon l'usage, dans la tombe de leur famille ; et, en effet, la tradition de Jérusalem nous apprend qu'ils furent enterrés dans la vallée de Josaphat.

Cette tradition trouve sa confirmation dans les récits des pèlerins ou des écrivains des neuf premiers siècles qui, en disant de notre sanctuaire que « la glorieuse Anne y engendra Marie, que c'était là « le domicile des ancêtres de notre Reine, » « la bergerie de Joachim, » ne parlent jamais du tombeau de sainte Anne ou de celui de Joachim. Or, ils n'auraient pas manqué de le faire, si, en réalité, leurs tombes s'y fussent trouvées.

toriens arabes. Les voyageurs ou les pèlerins, tant orientaux qu'occidentaux, ne sont pas moins explicites.

L'igoumène russe Daniel, qui était à Jérusalem, avec les Croisés, de 1113 à 1115, parle en ces termes de notre Sanctuaire : « Une grande église, consacrée à la mémoire de Joachim et d'Anne, est bâtie sur ce lieu. On y voit une petite caverne taillée dans le roc ; elle est placée sous l'autel. C'EST LA QUE SE TROUVE LE SÉPULCRE DE SAINT JOACHIM ET DE SAINTE ANNE (1). »

Perdicas, protonotaire d'Ephèse et écrivain du douzième siècle, confirme ce même fait : « Du côté du nord, dit-il, vous apercevrez des maisons élevées, un palais, la demeure agréable de Joachim et d'Anne, OU SE TROUVE ÉGALEMENT LA TOMBE SACRÉE DES DEUX PARENTS DE MARIE (2). »

Le P. Ricoldi, dominicain, ne l'affirme pas moins dans la relation du pèlerinage qu'il a fait en 1292 : « C'est là, dit-il en parlant du sanctuaire de Sainte-Anne, QU'EST ENSEVELIE LA BIENHEUREUSE ANNE (3). »

---

(1) *Voyage en Terre-Sainte,* fait l'an 1113, publié et traduit en français par Abr. de Noroff, p. 30.

(2)   ..... Ab aquilonari plaga
Celsas domus videbis, atque regiam,
Ædesque amœnas Joachimi ac Annæ anus,
Ubi est sepulcrum ambo sacrum parentum.

(*Perdicas pronot. Ephes.* — Migne, *Patrologia Græca,* t. LXVII, col. 1167.)

(3) Intravimus in Iherusalem per portam sabbatorum, et invenimus ecclesiam sanctæ Annæ, matris Dominæ. Ibi ostenderunt locum ubi affirmaverunt vere quod fuit nata beata Virgo. Et ibi juxta sepulta est beata Anna, mater ejus. (Fr. Ricoldi de Monte Crucis, *liber Peregrinationis.* — *Peregrinatores medii ævi quatuor.* Lipsiæ, Hinrichs, 1873, p. 111.)

Le traducteur de Guillaume de Tyr tient le même langage :
« Près les murs du Temple estoit la Pescine... Près d'illeuc
estoit lesglize Saincte-Anne la mère nostre Dame. LA GIST
ELE (1). » Et ailleurs : « Au Temple, à l'issue vers bise, est la
porte de paradis. Illecques près est Sainte-Anne ET SON MONU-
MENT (2). »

Jean de Mandeville, qui visita la Palestine de 1322 à 1356,
s'exprime ainsi : « De l'enceinte du Temple de Salomon, en se
dirigeant vers le nord, on rencontre la belle église de Sainte-
Anne. On croit qu'en ce lieu la glorieuse Vierge Marie a été
conçue et engendrée. LA TOMBE EN PIERRE DE SES PARENTS SAINT
JOACHIM ET SAINTE ANNE SE VOIT ENCORE, lorsqu'on descend par
vingt-deux degrés au-dessous de l'église (3). »

Le franciscain François Pipino, comme s'il prévoyait quelque objection de la critique moderne, emploie, en 1320, une
formule significative : « J'ai visité d'abord le lieu où fut la
maison de saint Joachim et où est née la bienheureuse Vierge
Marie. J'AI VU DE MES YEUX ET TOUCHÉ DE MES MAINS LE TOMBEAU
QUI RENFERME LE CORPS DE LA BIENHEUREUSE ANNE, MÈRE DE
MARIE (4). »

---

(1) Continuation de Guillaume de Tyr, dans le *Recueil des historiens
des Croisades. Historiens occidentaux*, t. II, p. 509 et 510. Paris, Impr.
imp., 1869.

(2) *Ibid.*, p. 505.

(3) A claustro hujus templi (Salomonis) extrinsecus in aquilonem
habetur decora ecclesia beatæ Annæ, in cujus loco creditur gloriosa
Virgo Maria in ejusdem matris suæ utero fuisse genita et concepta ;
parentumque illius S. Joachim et Annæ tumba saxea miratur in des-
censu ecclesiæ post xxij gradus. (Joannis de Mandevilla, *Itinerarium
a terra Angliæ in partes Hierosolymitanas,* cap. XVI.)

(4) Primum visitavi loca ubi fuit domus S. Joachim, ubi nata est
beata Virgo Maria, et ibi vidi et tetigi sepulcrum in quo est corpus
beatæ Annæ matris Mariæ ipsius. (Franciscus Pipinus. *Incipit tractatus
alius.*)

Ludolphe, curé de Sudheim, écrit en 1336 : « Tout auprès du Temple, du côté du nord, se trouve une église sur l'emplacement de laquelle la sainte Vierge est née. LA BIENHEUREUSE ANNE ET SAINT JOACHIM, SON ÉPOUX, Y SONT ENSEVELIS DANS UNE CAVERNE SOUTERRAINE (1). »

Enfin Étienne de Gumpenberg tient en 1449, un langage semblable : « Le vendredi après la Saint-Martin, 12 novembre, nous nous dirigeâmes, dit-il, vers la porte par laquelle saint Étienne fut conduit hors de la ville. Près de là, dans la maison même dans laquelle Notre-Dame fut mise au monde, ET AU-DESSUS DU TOMBEAU DE SAINTE ANNE, s'élevait un très beau couvent. Les païens l'occupent maintenant, de telle sorte qu'aucun chrétien ne peut plus y pénétrer (2). »

Il resterait à examiner une question qui aurait son intérêt pour le culte de sainte Anne, à savoir si sa tombe renfermait encore son corps vénérable, lorsqu'elle fut transportée de la vallée de Josaphat dans son sanctuaire de Jérusalem. Nous savons, par le témoignage des historiens byzantins de la décadence, que les Reliques de sainte Anne, avec son manteau, étaient conservées, de leur temps, à Constantinople, dans l'église du Deutéron, qui lui était dédiée et qui était l'œuvre de l'empereur Basile le Macédonien. Mais les Bollandistes font remarquer, avec raison, à l'occasion même des Reliques de sainte Anne, que les Hagiographes prennent ordinairement une partie considérable d'un corps saint pour le corps lui-même. Et il est à croire, d'après les témoignages des pèlerins, que je

---

(1) Juxta templum, non remote versus aquilonem, est ecclesia qua beata Virgo Maria fuit nata, et ibidem beata Anna cum Joachim viro suo in quadam caverna subterranea est sepulta. (Ludolphus rector in Suchen, *De Terra Sancta et Itinere Hierosolymitano,* cap. XCI.)

(2) Reisebuch des Heyligenlandes. — Francfort-sur-le-Mein, Feyrabend, 1584, p. 238.

viens de citer, qu'une notable partie du corps de sainte Anne seulement fut portée à Constantinople, dans le huitième ou le neuvième siècle, tandis que l'autre partie resta dans son tombeau.

Vous trouverez peut-être, Monseigneur, que cette période de l'histoire de Sainte-Anne de Jérusalem m'a longtemps retenu. Je l'avoue moi-même, mais elle en était la plus obscure et elle est, en un sens, la plus importante.

Je ne dirai, en revanche, que quelques mots de celle qui s'ouvre au onzième siècle ; sous le règne du khalife Hakem.

Ce monstre ou cet insensé — car sa mémoire est un problème, — après avoir plongé, à l'instigation des Juifs, Jérusalem dans le sang des Chrétiens, sous prétexte de punir un complot imaginaire, leur enleva, en un seul jour, tous leurs sanctuaires. La basilique du Saint-Sépulcre fut renversée, ainsi qu'un grand nombre d'églises. Les autres furent confisquées, pour être transformées, selon les caprices des persécuteurs, les unes en écoles ou en mosquées, les autres en écuries.

Le texte d'Abulféda, que j'ai cité tout à l'heure, prouve que Sainte-Anne fut du nombre des églises qui échappèrent, cette fois, à la ruine, pour être livrées au culte musulman. « Sous la domination de l'Islam, dit-il, avant que les Francs ne s'emparassent de Jérusalem, elle avait été transformée en mosquée ; » ce qui ne peut se rapporter qu'à la persécution de Hakem, quatre-vingt-dix ans environ avant la prise de Jérusalem.

Il ajoute aussitôt : « Les Croisés, après s'être emparés de la ville, la rendirent à sa destination première. »

C'est une ère nouvelle qui commence.

IV

La prise de Jérusalem, qui fut une délivrance pour le Saint-Sépulcre et pour les Lieux-Saints, le fut doublement pour la maison de sainte Anne. Elle n'était pas seulement sous le joug des Infidèles ; elle était consacrée à leurs superstitions, depuis près d'un siècle.

Nos vieilles chroniques nous apprennent que vos Bretons participèrent noblement à la victoire. A la suite de leur duc, le valeureux Alain Fergent, accompagné du vicomte de Léon, de Robert sire de Vitré, de Raoul de Fougères, du vicomte de Dinan, des sires de Châteaugiron, de Gaël, de Lohéac, et de toute la fleur de la noblesse de Bretagne, ils montèrent, des premiers, à l'assaut (1) et contribuèrent à ouvrir à l'armée des Croisés la porte de Saint-Étienne (2), par laquelle l'armée, comme un torrent, se répandit en un instant dans la Ville-Sainte.

Or, la porte de Saint-Étienne conduit précisément au quartier de la Probatique, où l'église de Sainte-Anne est située. En sorte qu'une des premières églises qu'ils saluèrent, en entrant dans Jérusalem, fut celle de Sainte-Anne, qu'ils arrachaient à Mahomet. La bonne Sainte n'était pas encore, autant qu'elle l'est aujourd'hui, entourée des hommages de la Bretagne ; mais elle y était connue et servie cependant, et elle y préparait son règne. Ne pensez-vous pas que, dans ces mâles guerriers qui venaient de si loin, elle ne vît déjà la fidélité de leurs fils, et que son oreille maternelle ne distinguât leur rude

---

(1) *Recueil des historiens des Croisades. Historiens occidentaux,* passim. (Paris, Imp. royale, 1844.)

(2) *Ibid.*

langage au milieu des cris de triomphe que faisaient entendre, près de son Sanctuaire, toutes les langues de l'Occident?

Ainsi rendu à son culte primitif par la valeur des Chrétiens, en tête desquels étaient vos Bretons, le sanctuaire de Sainte-Anne servit encore une fois de centre à un monastère. Mais, au lieu des Recluses grecques du temps de Charlemagne, il fut occupé par des Religieuses de l'ordre de Saint-Benoît.

Les commencements en furent humbles et pauvres : « Trois ou quatre pauvres femmes, dit Guillaume de Tyr, qui avaient embrassé la vie religieuse (1). » Mais, au témoignage du même anteur, le roi Baudouin ne tarda pas à l'enrichir : *Il enrichi le leu de terres et de teneures »,* dit son vieux traducteur.

Le motif de ces royales libéralités est également rapporté par l'historien des Croisades. Il nous apprend que le roi Baudouin I⁶ʳ, ayant répudié violemment son épouse, la reine Arda, la força à prendre le voile. Il ajoute qu'elle fut enfermée « dans le monastère de Sainte-Anne »; *in monasterio Sanctæ Annæ*; et à cette occasion il en parle ainsi : « Ce lieu se trouve à Jérusalem, dans la partie orientale de la ville, près de la porte nommée de Josaphat, et du réservoir qui, dans l'antiquité, était appelé la Piscine Probatique, là où l'on montre la crypte que, d'après la tradition des anciens, habitaient Joachim et Anne, et où l'on rapporte que naquit Marie toujours Vierge (2). »

---

(1) Erant ibi tres vel quatuor pauperes mulierculæ vitam sanctimonialem professæ, quibus gratia uxoris (Ardæ) introductæ ampliavit possessiones et patrimonium dilatavit. (Guillaume de Tyr, dans le *Recueil des historiens des Croisades. Historiens occidentaux,* t. I, première partie, p. 194. Paris, Impr. imp., 1855.)

(2) (Dominus rex) lege matrimoniorum neglecta, dimisit (uxorem Ardam), eamque in monasterio sanctæ Annæ, matris Dei Genitricis et semper Virginis Mariæ, monacham fieri compulit violenter. Est autem

Arda ne fut pas la seule princesse de la famille des rois de Jérusalem que Sainte-Anne compta parmi ses religieuses, durant les Croisades.

Ivette ou Judith, fille de Baudouin II, y fit profession, quelques années après, et devint plus tard abbesse du couvent de Saint-Lazare, à Béthanie, fondé pour elle par sa sœur la reine Mélissende. « A Béthanie, dit Jacques de Vitry, est l'abbaye de Saint-Lazare, où il y a une abbesse vêtue de noir, avec des Religieuses qui professent la règle et les institutions de Saint-Benoît. Du même ordre et de la même observance est l'abbaye de Sainte-Anne, mère de Marie, qui est située près de la porte nommée de Josaphat, et de la Piscine Probatique, au lieu où l'on rapporte qu'est née la bienheureuse Vierge Marie (1). »

Guillaume de Tyr ajoute, non, je le crains, sans une pointe de malice, que Mélissende, la royale disciple de saint Bernard pourtant, avait fondé pour sa sœur l'abbaye de Béthanie, « parce qu'il lui semblait indigne que la fille d'un Roi obéît dans le cloître à une supérieure quelconque, comme une femme du peuple (2). » Etrange conception de l'humilité reli-

---

idem locus Hierosolymis in parte orientali, juxta portam quæ dicitur Josaphat, secus lacum qui tempore antiquo probatica dicebatur piscina ; ubi ostenditur crypta in qua Joachim et prædictæ Annæ traditiones habent veterum domicilia fuisse ; ubi et Virgo perpetua nata esse perhibetur. (Guillaume de Tyr, dans le *Recueil des historiens des Croisades. Historiens occidentaux*, t. I, première partie, p. 451. Paris, Imp. roy., 1844.)

(1) In Bethania est abbatia Sancti Lazari, quæ dicitur de Bethania, in qua est abbatissa nigra et moniales sancti Benedicti regulam et instituta profitentes. Ejusdem autem ordinis et professionis est abbatia Sanctæ Annæ Genitricis matris Domini, juxta portam quæ dicitur Josaphat, juxta probaticam piscinam sita, in quo loco beata Virgo Maria nata fuisse perhibetur, in qua est abbatissa cum monialibus nigris. (Jacobi de Vitriaco, *Historia Hierosolymitana,* cap. LV.)

(2) Indignum ei (Melissendi) videbatur ut regis filia, tanquam una ex

gieuse, auprès de ce calvaire où le Roi des siècles avait porté une couronne d'épines !

J'ai rapporté dans leur entier les deux textes de Guillaume de Tyr et de Jacques de Vitry sur l'Abbaye de Sainte-Anne, parce qu'ils donnent lieu à des remarques importantes pour notre église.

Ils établissent d'abord, sans qu'aucun doute reste possible, la complète idendité du sanctuaire connu jusqu'au neuvième siècle sous le nom de Nativité de Marie, et de celui qui, au temps des Croisades, portait le nom de Sainte-Anne.

Du premier, en effet, Antonin le Martyr dit, au septième siècle : « *La Piscine Probatique, près de laquelle est la basilique de Sainte-Marie, là où elle est née* (1) ; »

Saint Sophrone, vers le même temps : « *J'entrerai dans la sainte Probatique, où la glorieuse Anne engendra Marie, là où elle est née, dans la demeure de ses ancêtres, la Vierge notre Reine* (2) ; »

Saint Jean Damascène, au huitième siècle : « *Salut, ô Probatique, maison des ancêtres de notre Reine ; salut, ô Probatique, autrefois bergerie de Joachim, et maintenant église du troupeau spirituel du Christ ; car il nous est né, dans*

---

popularibus, in claustro alicui subesset matri. (Guillaume de Tyr, dans le *Recueil des historiens des Croisades. Historiens occidentaux*, t. I, p. 699. Paris, Imp. roy., 1844.)

(1) Venimus ad probaticam piscinam juxta quam est basilica sanctæ Mariæ, ubi est nata. (Tobler, *Itinera et Descriptiones Terræ Sanctæ*, p. 127.)

(2) In probaticam sanctam ingrediar ubi Anna præclara peperit Mariam, ubi in patriis nata est thalamis Regina Virgo. (Migne, *Patrologia græca*, t. XLIV *bis*, col. 1049.)

la Sainte-Probatique, celle qui devait être la mère de Dieu (1); »

Enfin, au neuvième siècle, le Mémoire sur les Maisons de Dieu qui sont à Jérusalem : « *Dans l'église de Sainte-Marie, à la Probatique, là où elle est née* (2). »

Or, c'est dans des termes identiques que Guillaume de Tyr et Jacques de Vitry parlent de l'église de Saine-Anne.

Le premier dit qu'elle est « *près du réservoir qui, dans l'antiquité était la Piscine Probatique, là où l'on montre la crypte, que, d'après les traditions des anciens, habitaient Joachim et Anne, et où l'on rapporte que naquit Marie toujours Vierge* (3). »

Le second, qu'elle est située « *près de la Piscine Probatique, au lieu où l'on rapporte que naquit Marie toujours Vierge* (4). »

Jamais, je le pense, malgré ce qu'en ont pu dire des voyageurs inattentifs, identification ne fut mieux prouvée, surtout

---

(1) Salve sis, Probatica, avitum Reginæ domicilium, Salve sis, Probatica, Joachim pecorum quondam caula, nunc autem rationalis Christi ovilis ecclesia... Nobis enim in Sancta Probatica nata est Dei mater. (S. Joan. Damasc., *Homil. in Nativ. B. M. V.*)

(2) In sancta Maria, ubi nata fuit, in Probatica. (*Commemoratorium de Casis Dei,* apud Tobler, p. 302.)

(3) Secus lacum qui tempore antiquo probatica dicebatur piscina, ubi ostenditur crypta in qua Joachim et prædictæ Annæ traditiones habent veterum domicilia fuisse; ubi et Virgo perpetua nata esse perhibetur. (Guillaume de Tyr, *op. cit.*, p. 451.)

(4) Ordinis (S. Benedicti) est abbatia Sanctæ Annæ..... juxta probaticam piscinam sita, in quo loco beata Virgo Maria nata fuisse perhibetur. (Jacobi de Vitriaco, *Historia Hierosolymitana*, cap. LV.)

si l'on considère que ce sont là, de part et d'autre, les affirmations de témoins contemporains et oculaires.

Cette remarque n'est pas la seule que me suggère le texte de Guillaume de Tyr.

Il parle des possessions et des revenus, ou, comme dit son traducteur, *« dés rentes et dés teneurés »* dont le roi de Jérusalem enrichit Sainte-Anne.

Il est difficile de dire aujourd'hni en quoi consistaient ces *« rentes et teneures »*. C'est à peine si, dans les anciens Cartulaires connus de Jérusalem', on trouve l'indication d'une ou deux de ces propriétés, entre autres d'une vigne située près de l'église de Saint-Étienne et échangée par l'abbesse Sebilia avec les Chanoines du Saint-Sépulcre (1). Mais si vous allez un jour à Jérusalem, Monseigneur, vous serez étonné et charmé d'une circonstance qui, pour d'autres peut-être, serait indifférente, mais qui ne le serait pas pour un Breton et pour l'Évêque de Sainte-Anne.

De toutes les marques de possession du sol que les Croisés avaient gravées sur les murs de Jérusalem, il n'en est guère resté qu'une seule, mais celle-là visible à tous les regards et dans le quartier le plus fréquenté, sous les voûtes même du Marché central.

Dans les anciennes villes de l'Afrique et de l'Orient, les rues principales sont couvertes par des voûtes. Il en est de même à Jérusalem. Le marché public ou *Souk*, en particulier, se compose de trois belles galeries antérieures aux Croisades (2), et dont les arcatures sont légèrement ogivales, selon l'antique usage de la Syrie. Ces trois galeries communiquent entre elles par des passages latéraux. Or, dans la

---

(1) Paoli, *Codice diplomatico*, I, 205.

(2) Medjer-Ed-Din dit formellement que ces galeries sont de CONSTRUCTION GRECQUE, ce qui, dans le langage de cet écrivain, signifie toujours, comme on l'a déjà remarqué, *antérieur à la venue des Francs*.

plus fréquentée, celle du centre, qui porte le nom de *Souk el Attârin*, on trouve, de distance en distance, sur la retombée des arcs doubleaux, ces inscriptions gravées sur la pierre en grands caractères gothiques du douzième siècle :

— S. ANNA — S̄CA̅ ANNA — ANNA

C'est le nom du sanctuaire de Sainte-Anne de Jérusalem.

Une très savante étude de M. Clermont-Ganneau, ancien chancelier du Consulat de France, récemment publiée dans le *Musée archéologique*, établit avec une rare sagacité que cette inscription est la marque officielle de la concession faite par les Rois de Jérusalem à l'abbaye de Sainte-Anne, d'un droit sur les revenus de ce marché.

Les revenus ont cessé, depuis de longs siècles, d'être payés au Sanctuaire ; mais, grâce à l'immobilité orientale, le marché est resté avec ses voûtes, et l'inscription s'y lit encore et fait tressaillir le cœur du Pèlerin.

Ces richesses et la protection royale devaient naturellement donner à Sainte-Anne une splendeur particulière. Le nombre de ses Religieuses s'augmenta, en effet, jusqu'à former une communauté nombreuse, et les pèlerins qui la visitèrent pendant les Croisades mentionnent l'éclat des fêtes de son église. « Au nord du Temple, vers la porte qui conduit à la vallée de Josaphat, dit Jean de Wuretzbourg, en 1165, se trouve une grande église élevée en l'honneur de Sainte-Anne. Des peintures y montrent par quelle disposition et quel avertissement divins la bienheureuse Vierge fut conçue d'Anne et de Joachim, comme on le voit avec plus de détails dans la vie de la bienheureuse Anne. On y célèbre sa fête, avec une grande solennité, le jour de Saint-Jacques le Majeur ; j'y ai été présent. Un collège de Religieuses sert Dieu dans cette église (1). »

____

(1) In opposito atrii de Templo, scilicet versus septentrionem, ad

Les conditions nouvelles dans lesquelles se célébrait ainsi le culte divin, avaient également amené des modifications profondes dans notre sanctuaire.

En ce qui regarde le monastère proprement dit, tout porte à croire qu'il fut reconstruit de toutes pièces par les Croisés. Nous n'en avons pas, il est vrai, de preuves positives, parce que ce monastère a aujourd'hui complètement disparu. Mais les cellules des Recluses grecques ne pouvaient convenir à une Communauté royale de religieuses latines de Saint-Benoît.

Quant à l'église, elle existe encore, et les changements qu'y firent les Croisés, sont manifestes pour des yeux attentifs.

Bâtie pour des Grecs, la basilique du neuvième siècle avait une courte abside avec son exèdre destiné au Clergé, et son autel unique, fermé par l'iconastase. Le sol du transept formait son sanctuaire et reliait l'abside principale aux deux absides latérales où les ministres sacrés prenaient leurs ornements.

Pour une communauté latine de femmes, un chœur fermé était nécessaire. Le transept tout entier lui fut consacré, et l'on constate, dans les pillers de la première travée de la nef, les entailles faites aux colonnettes pour recevoir les clôtures.

Afin d'avoir, en dehors de ces clôtures, un autel et un sanctuaire dont le chœur des Religieuses avait pris la place, on exhaussa le sol de la première travée tout entière, à la hauteur du sanctuaire primitif. Cela est prouvé par les restau-

---

portam qua itur ad vallem Josaphat, est ecclesia magna in honore sanctæ Annæ constructa, in qua per picturam ostenditur qua dispositione et admonitione divina ex ipsa et Joachim sit concepta beata Virgo, sicut in vita beatæ Annæ largius cognoscitur, cujus festum in die sancti Jacobi majoris cum magna solemnitate ibidem celebratur; cui præsens interfui. In eadem ecclesia servit Deo collegium sanctimonialium. (Joannes Virzeburg, apud Tobler, *Itinera et Descriptiones Terræ Sanctæ*, p. 163.)

rations récentes qui ont fait retrouver, sous le sol ainsi exhaussé après coup, le sol de la nef et les trois marches primitives du transept, recouverts par les remblais du douzième siècle.

Une fois la clôture établie, les Religieuses de Sainte-Anne ne pouvaient plus avoir accès au sanctuaire de la Nativité de Marie et à la crypte du tombeau de sainte Anne. L'escalier qui y conduisait se trouvait dans la partie réservée aux fidèles, à la seconde travée du bas-côté sud. On fit, pour leur usage, dans leur chœur, un petit escalier qui aboutit dans l'ancienne maison de sainte Anne à l'entrée de la crypte du tombeau.

Enfin, la portion réservée aux fidèles se trouvant réduite par ces changements à une seule travée, on allongea l'église grecque, dont le narthex fut supprimé et la façade remaniée. C'est ce que démontrent, d'une part, les fondations des anciens murs, encore existantes dans les sous-sols, comme je l'ai vérifié moi-même pendant mon dernier séjour à Jérusalem, de l'autre, l'appareil de la façade, qui est absolument différent de celui du reste de l'édifice, et les points de raccordement avec la partie ancienne, sur lesquels il est impossible de se méprendre particulièrement dans le mur extérieur du bas-côté nord.

Telle fut donc l'œuvre des Croisés dans l'église de Sainte-Anne. Ils ne la bâtirent pas, comme on l'a cru par erreur (1);

---

(1) M. le comte de Vogüé, dans son beau livre sur *les Églises de la Terre-Sainte*, a soutenu la thèse de la construction primitive de l'église de Sainte-Anne actuelle par les Croisés. Le P. Bassi, religieux franciscain et historiographe de la Terre-Sainte, a combattu victorieusement cette opinion dans sa brochure intitulée *l'Antica Chiesa di Sant' Anna in Gerusalemme.* Mais il n'est pas tombé lui-même dans une erreur moindre, en plaçant la construction de cette église à une époque antérieure à celle d'Omar, c'est-à-dire au temps de Justinien. La brochure du P. Bassi est consacrée presque tout entière à traiter de la naissance de Marie à Jérusalem.

elle leur était antérieure de deux siècles. Mais ils la remanièrent complètement, tant à l'intérieur dont les dispositions principales furent changées, qu'à l'extérieur où ils ajoutèrent la longueur d'une travée et une façade nouvelle. On conçoit donc que l'erreur ait été facile, surtout avant que les récénts travaux n'eussent permis de constater en détail tous ces changements et d'établir que l'église est l'œuvre de deux époques parfaitement distinctes. Comme il est certain pour tous que Sainte-Anne n'a été l'objet d'aucune restauration depuis les Croisades jusqu'à nos jours, cette constatation, que Sainte-Anne est due à deux époques différentes, est une preuve sans réplique que son œuvre primitif n'est pas celui des Croisés, mais qu'il a été simplement restauré par eux.

L'état nouveau de Sainte-Anne ne devait pas durer longtemps. Les divisions des chefs, l'opposition sourde, mais implacable des Chrétiens orientaux amenèrent rapidement la ruine du royaume de Jérusalem. Moins d'un siècle après la conquête, la Ville-Sainte retombait entre les mains de Saladin.

Sainte-Anne éprouva le sort de tous les sanctuaires occupés par les Latins. Les Religieuses qui le desservaient, durent fuir devant la tempête. Mais la fin de leur séjour est marquée, selon le récit des Pèlerins qni visitèrent la Palestine après la chute des Croisés, par un trait d'héroïsme digne d'être rapporté (1). Voici comment l'un de ces pèlerins, un Dominicain du couvent d'Eichstædt en Allemagne, le P. Fabri,

---

(1) Un trait semblable est rapporté par Waddin dans sa chronique intitulée *Annales Minorum* (t. II, p. 585), au sujet des religieuses de Sainte-Claire, de Saint-Jean-d'Acre. Mais cette coïncidence ne permet pas de révoquer en doute un fait aussi formellement afffrmé que celui de Sainte-Anne. Tout au plus peut-on dire que les Clarisses suivirent à Saint-Jean-d'Acre l'exemple que les Bénédictines leur avaient donné à Jérusalem.

le raconte dans le très curieux et très savant ouvrage qui a pour titre : *Evagatorium Terræ Sanctæ :*

« Au moment où la ville allait être prise par les Sarrasins, dit-il, et où tous se disposaient à fuir pour sauver leur vie, l'Abbesse ordonna de sonner le Chapitre. Et, toutes les Religieuses étant réunies, elle leur dit : Mes Filles, la ville et nous toutes avec ce que nous possédons, allons tomber entre les mains des Sarrasins infidèles. Ces hommes, comme nous ne l'avons que trop souvent entendu, sont d'une violence brutale qui s'exerce contre les femmes chrétiennes et surtout contre les vierges consacrées à Dieu. Si la pureté, la chasteté, l'honneur vous tiennent à cœur, faites ce que vous allez me voir faire ; alors ces hommes vicieux n'oseront point vous toucher. Et ayant ainsi parlé, en présence de ses Sœurs qui regardaient avec étonnement ce qu'elle allait faire, elle tira un couteau qu'elle avait caché sous ses vêtements, et avec un cœur et un visage intrépides, elle se trancha le nez de ses propres mains (1). Ce que des hommes courageux n'eussent pas osé faire, les autres Sœurs le firent à son exemple ; et si quelques-

---

(1) Cum jam esset civitas capienda per Saracenos et cuncti se ad evasionem et vitæ suæ liberationem disponerent, jussit Abbatissa pulsare Capitulum ; omnibusque dominabus congregatis dixit : Ecce, Filiæ meæ, jam tradenda est civitas et nos et omnia nostra in manus gentilium Saracenorum. Homines autem isti, sicut frequenter audivimus, bestiales sunt et feminas christianas repertas sine verecundia fœdant et polluunt, singulariter tamen in Virgines Deo dicatas inardescunt et furiunt. Nunc ergo, si placet integritas, munditia et castitas, hoc quod me videritis facere, facite, inviolatæ de manibus istorum vitiosorum evadetis. Et hoc dicto, omnibus sororibus eam intuentibus et mirantibus quid factura esset, mox cultrum quem sub veste texerat, eduxit, et eo statim pectore et vultu intrepido proprium sibi nasum detruncavit propriis manibus, quod facere etiam egregiorum virorum corda nutant et persæpe trepidant animosa pectora. Cujus exemplo cæteræ motæ ad simile processere certamen. Et si quæ adolescentiores

unes, plus faibles ou plus jeunes, étaient effrayées par la vue
du sang et n'osaient pas se mutiler elles-mêmes, elles se
prosternaient aux pieds de celles qui étaient plus courageuses,
leur tendant les couteaux et demandant à grands cris qu'elles
leur tranchassent le nez, afin de faire disparaître la beauté
de leur visage et d'échapper plus sûrement à la souillure qui
menaçait leur âme et leur corps. Toutes ainsi, le nez tranché
et le visage couvert de sang, elles se tenaient debout, implo-
rant Dieu avec larmes, lorsque les ennemis de la Croix brisent
les portes du monastère et enfoncent les clôtures pour donner
cours à la fois à leur brutale passion, à leur cupidité et à leur
cruauté bestiale. Mais quand ils furent entrés dans l'église
et qu'ils trouvèrent ces athlètes du Christ, rangées chacune
à leur place comme pour le service de Dieu, lorsqu'ils les
virent mutilées, couvertes de sang, ils s'arrêtèrent étonnés,
comme s'ils eussent rencontré une armée de guerriers ter-
ribles, et aucun d'entre eux n'osa toucher une d'elles. Mais

---

delicatæ et teneres, cruore viso, timore concutiebantur nec sibi ipsis
injicere manus poterant, prosternebant se ad fortiorum pedes, exhi-
bentes eis cultros et nasos extendentes, fletibus magnis rogabant pri-
vari naso, quo vultus speciem retinet et inimicos pudicitia irritat, ne
inquinamenta carnis et spiritus contrahere possent. Omnibus ergo,
abscissis nasis, confusis faciebus et conspersis cruore, stantibus et
lacrymosis vocibus Deum invocantibus, ecce inimici crucis monasterii
ostia infringunt, et claustra rumpunt, et avidissime in monasterium
irruunt, cum clamore et armorum strepitu, ut effeminatæ libidini,
insatiabili cupiditati et crudelitati bestiali operam darent. Et ingressi
ecclesiam invenerunt athletas Christi in suo ordine stantes in Dei servitio. Quas ut viderunt sanguine aspersas et mutilatas, conterriti
stabant, ac si exercitum fortium armatorum invenissent; nec fuit qui
aliquam tangere ausus esset, sed eas intactas de monasterio et civitate
repulerunt, quæ cum aliis Christianis expulsis in partes fidelium navi-
gaverunt, reportantes præclarum et perenne testimonium suæ castis-
simæ et illibatæ fidei. (Fr. Fabri *Evagatorium in Terræ Sanctæ
peregrinationem.* Stuttgard, 1843, t. II, p. 132.)

ils les conduisirent avec respect hors du monastère et de la
cité, et elles revinrent sur les terres des Chrétiens avec
les Fidèles chassés de la Palestine, portant avec elles le glorieux et perpétuel témoignage de leur chasteté et de leur
foi. »

Y avait-il, parmi ces femmes héroïques, quelqu'une des
femmes bretonnes qui, comme votre duchesse Hermengarde,
après la mort d'Alain Fergent, voulut, toute religieuse de
Fontevrault qu'elle était devenue, se rendre en Palestine où
Foulque d'Anjou, son frère, avait succédé à Baudouin Ier sur le
trône de Jérusalem? Je l'ai cherché; mais je n'ai rien trouvé
qui l'insinue, si ce n'est cette héroïque énergie qui rappelle le
vieux granite de votre Province et celui de votre caractère
national.

V

Après la chute du royaume de Jérusalem, Saladin transforma
de nouveau Sainte-Anne en médersé. J'ai cité les textes des
historiens arabes qui témoignent de ce fait. Voici ce qu'en dit
également un écrivain musulman de Jérusalem, Imâd-Eddin-
en-Isfahâny, secrétaire de Saladin lui-même, et qui a écrit
l'histoire de ce prince tout entière, « en prose rimée », ce qui,
comme le fait observer justement M. Clermont-Ganneau, « ne
laisse pas d'être fatigant pour le lecteur » : Le Sultan prit con-
seil des saints oulémas de son entourage, et des personnes
les plus recommandables par leur piété, au sujet d'une *médersé* pour les jurisconsultes du rite chaféite et d'un hospice
pour les pauvres de l'ordre des Soufis. Il désigna, pour la *mé-*

dersé, l'église connue sous le nom de *Sandhanne (Sanctæ An-næ)* auprès de *Bâb Esbât.* »

Mais ces témoignages des historiens ne sont pas nécessaires. Saladin a pris soin de consigner, dans une inscription lapidaire qui existe encore aujourd'hui dans son intégrité sur la porte principale de l'église de Sainte-Anne, le târikh arabe ou dédicace de sa fondation :

« Au nom de Dieu clément, miséricordieux. Tout ce que vous avez de bien vient de Dieu! Cette médersé bénie a été fondée par le roi victorieux, notre maître Salah-ed-Dounia ou Eddin, le Sultan de l'Islam et des Musulmans, Aboul-Mouraffar Yousef, fils d'Eyoub, fils de Shâdy, qui a vivifié l'empire du chef des croyants; que Dieu bénisse ses victoires et le comble de biens dans ce monde et dans l'autre ! L'établissement a été fondé pour les docteurs du rite de l'iman Abou-Abdallah-Mohammed, fils d'Idris Ech-Chaféi ; que Dieu soit satisfait de lui ! L'an cinq cent quatre-vingt-huit (1192). »

C'est ainsi que Sainte-Anne passa de nouveau aux mains des Infidèles. Pendant plus de six siècles, elle est restée couverte d'un voile de deuil, et son histoire n'est que celle d'une longue agonie.

La médersé fondée par Saladin ne lui survécut pas longtemps. L'antique couvent des Bénédictines ne fut plus occupé dès lors que par quelques santons qui laissaient les murs du monastère se dégrader et tomber peu à peu, et vendaient chèrement aux Chrétiens la permission de prier quelques instants dans l'ancien sanctuaire.

C'est là, pendant cette lugubre période, toute l'histoire de notre église, telle que nous la trouvons dans les récits des pèlerins du moyen âge et des temps modernes.

Le premier, par ordre de date, est le P. Riccoldi, de l'ordre

de Saint-Dominique, qui dans son *Liber Peregrinationis,* déjà
cité plus haut, mentionne ainsi sa visite à Sainte-Anne en
1294 : « Nous entrâmes à Jérusalem par la porte du Sabbat et
nous rencontrâmes l'église de Sainte-Anne, mère de Notre-
Dame. Là on nous montra le lieu où l'on nous affirma qu'était
née vraiment la bienheureuse Vierge. Près de là est ensevelie la bienheureuse Anne, sa mère. Non loin nous trouvâmes
la Piscine Probatique (1). » On voit que le P. Riccoldi ne
peut pénétrer dans l'église : elle était encore occupée par la
médersé.

Le sire Simon de Sarebruche la trouve, en 1395, dans le
même état : « Item, en allant toujiours amont par celle dicte
ruë (par laquelle Notre Seigneur passoit quand on le menoit
crucifier) est la maison de madame Saincte Anne, mere de
Nostre Dame. En icelle maison fut née la douce Vierge Marie ;
SI N'Y OSENT ENTRER NULS CHRESTIENS et y ont faict les Sarrasins
de nouvel un mustat (*sic*), c'est-à-dire le lieu où ils font leurs
oraisons (2). »

Mariano da Siena, dans son Voyage en Terre-Sainte, écrit
de son côté, en 1431 : A environ douze brasses se trouve la
maison de sainte Anne et de Joachim, où naquit cette rose précieuse qui fut la Mère de Jésus. On y avait fait une belle église.
Maintenant les Sarrasins l'ont prise pour eux ; nous ne pouvons

---

(1) Intravimus in Iherusalem per portam sabbatorum, et invenimus
ecclesiam sanctæ Annæ, matris Dominæ. Ibi ostenderunt locum ubi
affirmaverunt vere quod fuit nata beata Virgo. Et ibi juxta sepulta est
beata Anna, mater ejus. (Fr. Ricoldi de Monte Crucis *liber Peregrinationis. — Peregrinationes medii ævi quatuor*. Lipsiæ, Hinrichs, 1873,
p. 111.)

(2) Journal contenant le voyage fait en Hierusalem par messire
Simon de Sarebruche, en l'année 1395. — (Troyes, Moreau, 1621,
p. 13.)

plus y entrer. Il y a rémission plénière de tous les péchés. On y dit les prières suivantes :

Antienne. Ta nativité EN CE LIEU, Vierge Mère de Dieu, a porté la joie au monde entier ; car de toi est né le Soleil de justice, le Christ notre Dieu, qui, détruisant la malédiction, a porté la bénédiction, et, confondant la mort, nous a donné la vie éternelle.

℣ C'est ICI qu'a eu lieu la nativité de la Sainte-Vierge Marie.
℟ Dont la vie éclatante illustre toutes les Eglises.

Oraison. Nous vous en supplions, Seigneur, accordez à vos serviteurs les dons de la grâce céleste, pour que ceux à qui la naissance de Marie a été ICI le commencement du salut, trouvent une augmentation de paix dans la célébration de sa nativité. Par le Christ Notre-Seigneur (1). »

---

(1) Qui appresso dodici braccia si è la casa di santa Anna e di Joachino, nella quale nacque quella pretioza rosa madre di Jesu. Fuvvi fatta una bella chiesa, ora i Saraceni vi hanno fatto chiesa ; non vi potiamo entrare. Plenaria remissione di tutti i peccati. Dicesi queste orazioni :

Ant. Nativitas tua HIC, Dei Genitrix Virgo, gaudium annuntiavit universo mundo ; ex te enim ortus est sol justitiæ, Christus Deus noster, qui solvens maledictionem dedit benedictionem, et confundens mortem, donavit nobis vitam sempiternam.

℣ Nativitas fuit HIC Sanctæ Mariæ Virginis.
℟ Cujus vita inclyta cunctas illustrat Ecclesias.

Oremus. Famulis tuis, quæsumus, Domine, cœlestis gratiæ munus impertire : ut quibus beatæ Mariæ Virginis HIC partus exstitit salutis exordium, Nativitatis ejus votiva solemnitas pacis tribuat incrementum. Per Dominum nostrum Jesum Christum, etc. (*Del Viaggio in Terra sancta fatto e descritto da ser Mariano da Siena nel secolo XV, p. 34 et 35.*)

Ces prières sont intéressantes en ce qu'elles montrent explicitement que la croyance en la nativité de Marie dans la maison de Sainte-Anne de Jérusalem, était approuvée par le Saint-Siège, puisqu'on les disait pour gagner les indulgences accordées par lui. Elles se récitaient en dehors du sanctuaire, comme on le fait encore aujourd'hui pour les Sanctuaires dont les Musulmans ne permettent pas l'entrée.

Mais lorsque la médersé eut cessé d'exister, les pèlerins purent quelquefois, à prix d'argent et au péril de leur vie, pénétrer dans le sanctuaire abandonné.

Le P. Fabri, que j'ai déjà cité, a raconté, dans l'histoire de son pèlerinage en Terre-Sainte en 1482, sa visite à Sainte-Anne. Je me reprocherais d'y rien changer, parce que rien n'est plus instructif, sur le véritable état de notre sanctuaire, que les détails qu'il nous fournit : « Le 5 août, dit-il, qui est le jour de la fête de notre glorieux Père saint Dominique, patriarche des Frères-Prêcheurs, à la fin de l'office, Sabathylanco (*sic*) vint nous trouver et demanda à chaque pèlerin cinq ducats, d'avance, sur le prix convenu, disant qu'il n'avait pas assez pour faire les frais des préparatifs de notre voyage au désert. Pour qu'il ne pût dire ensuite que nous avions été une cause de retard, nous lui donnâmes les cinq ducats qu'il demandait. Enchanté qu'il était d'avoir reçu notre or, il nous promit de faire, s'il le pouvait, tout ce que nous demanderions.

» Nous lui demandâmes donc de nous faire entrer dans le lieu de la Nativité de la bienheureuse vierge Marie, que nous n'avions pas encore visité (1).

---

(1) Quinta die (Augusti) quæ est gloriosa patris nostri S. Dominici, patriarchæ fratrum Prædicatorum, Officio finito, venit Sabathilanco et exegit a quolibet peregrino quinque ducatos in defalcationem conscripti pretii, dicens se non habere in promptu tantum ut disposi-

» Il nous répondit : Vous me demandez une chose difficile,
seigneurs pèlerins, parce que vous ne pourrez entrer dans
l'appartement de la Nativité de la bienheureuse vierge Marie

---

tionem facere inciperet pro nostra per desertum ductione. Ne ergo in
posterum diceret nos fuisse causam tantæ tardationis, tradidimus
sibi pecuniam, quilibet quinque ducatos. Qui accepto auro factus fuit
hilarior, et promisit nobis quod omnia, quæ ab eo peteremus, adim-
plere vellet, si posset. Petimus ergo eum ut nos introduci faceret in
locum Nativitatis beatissimæ Mariæ Virginis, in quo nondum fueramus.
Rem difficillimam, o Domini Peregrini, postulastis, quia non potestis
in habitaculum Nativitatis Mariæ Virginis ingredi, nisi per muschæam
unam Saracenis devotam, in quam vos intrare fas non est, nec ullo pacto
videntibus Saracenis vos introducere ausus sim; ideo oportet ex-
spectare tempus vespertinum, et tunc mittam vobis Abre, filium meum,
et per vicos occultos vos ducet ad locum, et disponam ut intromitta-
mini.... Sic ergo a nobis vir recessit. Vespere facto, exspectavimus
quasi usque ad solis occasum, æstimantes quod vir nobis illusisset.
Sed ecce filius ejus Abre, forte novemdecim annorum, venit cum uno
famulo ad nos in montem Syon et duxit nos per vicos occultos Jerusalem
usque ad portam Ephraim, quæ est porta S. Stephani, et ad ecclesiam
quæ jam est Mameria, venimus.... Ad latus ecclesiæ est una fenestra
super terram, sicut fenestræ habitaculorum in quibus operantur texto-
res, vel sicut sunt fenestræ cellariorum per quas lumen et aer ingredi-
tur. Et per illam fenestram est ingressus ad locum Nativitatis beatæ Virginis, quia ostium cryptæ, quod erat in ecclesia, obstrinxerunt infide-
les. Unus ergo peregrinus, pedibus primo intromissis in fenestram,
deorsum in cryptam se demisit; qui inferius stetit, et singulis pro
scala fuit; habuit enim manus erectas ad parietem, et descendere
volens primo pedes posuit super suas manus, et inde alium pedem
super caput vel humeros ejus, et de humeris resiliebant in terram;
et ita omnes super illum peregrinum qui erat miles insignis genere,
descendimus in locum, et accensis candelis, quia tenebrosum erat,
circuire incepimus. Venimus autem in unum specum in quo dicunt
primo fuisse sepultos Joachim et Annam, parentes beatæ Virginis
Mariæ. Deinde progressi, in aliam subterraneam capellam venimus
latiorem, quæ quondam erat pulchre depicta, et ibi creditur esse beatissima Virgo Maria nata. Incepimus autem ibi jocundis vocibus can-
tare carmina de Nativitate beatæ Virginis, signata in Processionali

que par une mosquée sacrée pour les Sarrasins, dans laquelle
il ne nous est pas permis de pénétrer, et jamais je n'oserais
vous y introduire, s'ils nous voient. Il faut donc attendre la
nuit, et je vous enverrai alors Abre, mon fils, qui, par des
ruelles cachées, vous y conduira ; et j'arrangerai tout pour
que vous y soyiez introduits. Ayant ainsi parlé, cet homme
nous laissa.

» Le soir venu, nous attendîmes jusqu'au coucher du soleil,
pensant qu'il s'était joué de nous. Mais voici que son fils Abre,

---

Terræ Sanctæ, et indulgentias plenariæ remissionis accepimus, et
terram juxta morem peregrinorum deosculati sumus... Viso ergo
loco, iterum unus peregrinus per alios adjutus per fenestram sursum
in ambitum ascendit, qui protensa manu deorsum omnes nos ad se
successive eduxit. Circuivimus ergo ambitum, et cellas superius et
inferius vidimus de pulchris ædificiis : fuerat enim in tempore christianorum monasterium monialium ordinis S. Benedicti. Ingressi autem ecclesiam quæ nunc est muschea, eam diligentius perspeximus,
et notavimus eam ecclesiam ornatam et pulchram fuisse ; parietes
enim depicti fuerant, sed Saraceni picturas calce deleverunt et deal-
baverunt ; in pluribus tamen locis calx decidit, et iterum Christianorum
picturæ videntur. Porro historia conceptionis et nativitatis beatæ Virginis Mariæ fuit ibi depicta ; quomodo Joachim propter sterilitatem
de templo fuit repulsus, et quomodo cum suis pastoribus in deserto
deguit, et quomodo ibi sibi angelus apparuit, et quomodo sub porta
aurea in amplexus suæ uxoris ruit, et quomodo Anna Mariam ge-
nuit.... Hæc omnia cum vidissemus, de ecclesia eximus dolentes
quod tam pulchra ecclesia in tam sanctissimo loco est in Saracenorum usu. Porro ante ecclesiam stat una arbor magna et antiquis-
sima, quam dicunt fuisse plantatam a beatissima Virgine Maria, dum
adhuc esset infantula, sub cura parentum qui hic in hoc loco credun-
tur habitasse ; licet enim Joachim et Anna multis annis deguerint
in Nazareth, tamen quando beatissima Virgo Maria concipienda et
parienda fuit, migraverunt ex instinctu Spiritus Sancti a Galilæa in
Judæam in Jerusalem, ut ibi dies suos clauderent in Dei servitio,
juxta templum Domini, ignorantes ad quantum mysterium Deus eos
sine fructu servaret. (Fr. Fabri *Evagatorium in Terræ Sanctæ Des-*
criptionem. — Stuttgard, 1843, t. II. p. 126 et seq.)

âgé d'environ dix-neuf ans, nous arriva avec un serviteur au sanctuaire du mont Sion, et nous conduisit par des ruelles détournées de Jérusalem jusqu'à la porte d'Ephraïm on de Saint-Étienne, et nous arrivâmes à une église qui est maintenant une mosquée. Sur le côté de l'église est une fenêtre à hauteur de terre, comme sont les fenêtres des maisons où travaillent les tisscrands ou celles des caves qui servent à y introduire l'air et la lumière. C'est par cette fenêtre que l'on entre dans le lieu de la Nativité de la bienheureuse vierge Marie ; car les infidèles ont fermé la porte de la crypte qui était dans l'église.

» Un pèlerin descendit donc le premier en faisant passer d'abord ses pieds par la fenêtre et en glissant sur le dos jusque dans la crypte. Il se tint ensuite en bas et servit d'échelle à tous, en tenant ses mains élevées contre la muraille ; et celui qui voulait descendre, plaçait d'abord les pieds sur ses mains, et ensuite un pied sur sa tête ou sur ses épaules, et de ses épaules il sautait à terre ; et ainsi tous nous descendîmes sur ce pèlerin qui était un chevalier de naissance illustre ; et ayant allumé des cierges, parce que le lieu était ténébreux, nous commençâmes à le parcourir.

» Nous vînmes ensuite dans une grotte où l'on dit qu'avaient été enterrés Joachim et Anne, parents de la bienheureuse vierge Marie.

» Avançant un peu plus loin, nous trouvâmes une autre chapelle souterraine, plus spacieuse, qui était autrefois très bien peinte, et c'est là qu'on croit qu'est née la bienheureuse vierge Marie. Nous commençâmes à chanter d'une voix joyeuse les chants de la Nativité de la bienheureuse vierge, marqués dans le processionnal de la Terre-Sainte, et nous gagnâmes les indulgences de rémission plénière, et nous embrassâmes la terre, suivant l'usage des pèlerins.

» Après avoir visité ce lieu, un pèlerin, aidé par les autres, monta par la fenêtre dans le préau, et étendant la main en bas, nous attira tous successivement à lui. Nous parcourûmes donc le préau, et nous y vîmes, en haut et en bas, des cellules d'une belle construction, car c'était, au temps des chrétiens, un monastère de Religieuses de l'ordre de Saint-Benoît.

» Étant entrés dans l'église, qui maintenant est une mosquée, nous l'inspectâmes avec soin et remarquâmes que cette église avait été belle et ornée, car ses murs avaient été couverts de peintures ; mais les Sarrasins les avaient couvertes et blanchies à la chaux. En certains lieux, néanmoins, la chaux était tombée, et on y voit encore les peintures des chrétiens. Or, c'est l'histoire de la Conception et de la Nativité de la bienheureuse Vierge Marie, qui y était peinte ; comment Joachim avait été repoussé du temple à cause de sa stérilité ; comment il se retira au désert avec ses pasteurs ; comment un ange lui apparut ; comment son épouse le rencontra à la Porte dorée, et comment Anne engendra Marie.

» Après avoir vu tout cela, nous sortîmes de l'église, désolés qu'un lieu aussi saint fût entre les mains des Sarrasins.

» Devant l'église est un grand arbre, très ancien, qu'on dit avoir été planté par la bienheureuse Vierge Marie, lorsqu'elle était encore très petite enfant, sous la garde de ses parents que l'on croit avoir habité ce lieu. Car, quoique Joachim et Anne aient demeuré de longues années à Nazareth, cependant, lorsque la bienheureuse Vierge Marie dut être conçue et engendrée, ils passèrent de la Galilée en Judée, à Jérusalem, par une inspiration de l'Esprit-Saint, afin d'y finir leurs jours au service de Dieu, près du temple du Seigneur, ignorant à quel grand mystère Dieu les avait réservés dans la stérilité. »

Parmi les autres témoignages des pèlerins du moyen âge, l'un des plus intéressants pour Sainte-Anne, est celui de sainte Brigitte. Cette illustre femme, que recommandent également sa naissance royale, la pureté de ses vertus et les lumières dont elle fut favorisée, visita, en 1371, près d'un

siècle avant le P. Fabri, les Lieux-Saints de la Palestine. Elle
fit, en particulier, un long séjour à Jérusalem, et parmi les
révélations qu'elle y reçut de Dieu et qui figurent dans le recueil de ses œuvres, approuvé par l'Église, il en est une
où il est fait mention de Sainte-Anne dans des termes extraor-
dinaires.

Elle se trouve au livre V, révélation XIII. Le sommaire de
cette révélation porte ce qui suit :

« Dieu le Père parle à la bienheureuse Brigitte pour l'ins-
truire de la vertu de cinq lieux qui sont à Jérusalem et à
Bethléem, et de la grâce que reçoivent les pèlerins qui
visitent ces lieux avec une humble dévotion et une vraie
charité (1) ».

Et un peu plus bas : « Le Seigneur lui dit : Je connais cinq
lieux où quiconque viendra, recevra un fruit cinq fois abon-
dant, pourvu qu'il soit pur et vide d'orgueil, et brûlant de charité. Dans le premier lieu a été un vase fermé et non
fermé (2) ».

Et quelques lignes après : « Le vase dont je t'ai parlé, est
Marie, fille de Joachim, mère de l'humanité du Christ. Elle
a été, en effet, un vase fermé et non fermé, fermé au démon
et non à Dieu..... Le démon a cherché par toutes ses inven-
tions à approcher du cœur de Marie ; mais il n'a jamais pu
incliner son âme à commettre le moindre péché ; car elle
était fermée à toutes les tentations (3). »

____

(1) Deus pater loquitur B. Birgittæ, simpliciter informans illam de
virtute illorum quinque Locorum quæ sunt in Hierusalem et Beth-
leem, et de gratia quam recipiunt peregrini visitantes illa Loca cum
humilitate devota et vera caritate.

(2) Cui Dominus : « Ego, inquit, scio quinque loca ; omnis qui ad
illa accesserit, habebit quintuplicem fructum, si tamen mundus venerit
et vacuus a superbia et fervens caritate.

(3) Pater loquitur : Vas illud de quo dixi tibi, Maria, filia Joachim,

Et le Seigneur conclut ainsi : « Donc quiconque viendra dans ce lieu où Marie est née et a été élevée, non seulement sera purifié, mais encore deviendra un vase d'honneur pour ma gloire (1). »

Or le lieu où Marie est née et a été élevée, est la maison de sainte Anne. Et il ne peut y avoir aucun doute que sainte Brigitte ne parle de la maison de sainte Anne dans la Ville-Sainte, puisque c'est le premier des Lieux-Saints qu'elle indique comme « étant à Jérusalem ».

D'ailleurs, sainte Brigitte parle pour être entendue des personnes de son temps, et il n'y avait, en ce moment, à Jérusalem et dans tout le reste de l'Orient qu'une seule opinion sur le lieu de la naissance de Marie. Cette opinion le plaçait dans la maison de sainte Anne à Jérusalem.

Après de telles promesses, on ne s'étonnera pas du respect dont les Pèlerins continuèrent à entourer le sanctuaire de Sainte-Anne, et de leur générosité à ne reculer devant aucun sacrifice pour en obtenir l'entrée. Mais non seulement leur respect les fit accourir à ce Sanctuaire ; il leur inspira la pensée d'emporter avec eux, dans les divers pays catholiques, des fragments du rocher qui formait les humbles parois de la maison de sainte Anne.

On attribuait partout à ces pierres une puissance miraculeuse.

---

mater humanitatis Christi, fuit. Ipsa enim fuit vas clausum et non clausum, clausum diabolo et non Deo..... Diabolus enim cupiebat totis adinventionibus suis appropinquare cordi Mariæ ; sed nunquam ad aliquod quantumcumque minimum peccatum valuit inclinare animum ejus, quia clausum erat contra tentationes.

(1) Ergo qui ad locum istum, ubi Maria nata est et educata fuit, venerit, non solum mundabitur, sed et erit vas in honorem meum. (*Revelat. S. Birgittæ*, lib. V, *Revelatio XIII*. Romæ, apud Steph. Paulinum, 1606, p. 471.)

Dans le récit du voyage de Jean comte de Solms, en 1483, il en est question en cés termes : « Le jour de la fête de sainte Anne, mère de Notre-Dame (c'était le 26 juillet), nous pûmes entrer, par la faveur et l'assistance d'un païen, dans la maison de sainte Anne. Autrefois il y avait là une belle église bâtie en l'honneur de cette Sainte, et dont les païens font maintenant une mosquée à leur usage. C'est pourquoi ils n'y laissent entrer aucun pèlerin, à moins que ce ne soit secrètement. De cette église, nous arrivâmes à un préau qui y aboutit ; et là nous descendîmes dans des grottes sombres et obscures qui se trouvent sous terre ; et, munis de cierges allumés, nous vînmes à l'endroit où sainte Anne a mis au monde la Vierge Marie, et enfin, tout près de là, à l'endroit où sainte Anne passa de vie à trépas. Il y a là indulgence et rémission de tous les péchés. LES PÈLERINS ONT COUTUME D'EMPORTER DE CES ENDROITS DES FRAGMENTS DE PIERRES, QUI SONT TRÈS UTILES ET TRÈS SALUTAIRES. NOUS EN PRÎMES QUEL-QUES-UNS (1). »

Vers la même époque, Jean Tucher constate la même dé-votion : « Le seizième jour du mois d'août, qui était un lundi, Othon Spiegel, Thiébault Rieter et moi Jean Tucher, nous pûmes, avec nos deux domestiques et le P. Gardien accom-pagné d'un Frère, entrer dans la maison de sainte Anne. Cela se put faire moyennant l'aide secrète d'un païen auquel nous fîmes un cadeau à cette occasion. C'est une belle église. Les païens s'en sont emparés et en ont fait une mosquée, c'est-à-dire une église païenne. Pendant longtemps aucun pè-lerin n'a pu y entrer, car c'est sévèrement défendu. Dé cette église nous pénétrâmes par une petite porte dans un préau ; de là nous descendîmes par une étroite ouverture dans une

______

(1) *Reisebuch des Heyligenlandes.* — Francfort-sur-le-Mein, Eeyra-bend, 1584, p. 255.

grande et sombre grotte... Il y a là indulgence et rémission de tous les péchés quant à la peine et quant à la coulpe. NOUS Y AVONS PRIS QUELQUES FRAGMENTS DE PIERRES. ON DIT QU'ILS SONT SALUTAIRES (1). »

En 1606, la liberté s'est accrue. Voici comment parle de notre sanctuaire le sieur Cestier de Marseille (2) :

« Poursuivant notre visite dans la ville, nous parvînmes à la maison de sainte Anne, qui est sous une église que sainte Hélène fit bâtir, laquelle est tenue par les Turcs et leur sert de mosquée. Néanmoins le santon d'icelle en permet l'entrée aux Chrétiens en payant un maydin par teste. Il faut pour aller en ladite maison, descendre plusieurs degrés sous terre avec force lumière, ayant chacun un cierge ardent en main pour la grande obscurité qui est à raison de la dite église qui est fabriquée dessus. Et étant en bas, on voit deux chambres, en l'une un autel avec certaines images peintes par dessus, qui est le mesme lieu où nasquit cette belle estoile de la mer, la sacrée Vierge Marie ; au derrière de la dite chambre, il y a une grotte cavée dans le roc, laquelle est fort artificielle. Le Révérend Père nous fit là une exhortation, après avoir chanté l'antienne : *Visitons dévotement le lieu de la Nativité de la glorieuse Vierge Marie qni a obtenu la gloire de mère sans perdre la chasteté virginale.*

ῦ ICI est née la Sainte Vierge Mère de Dieu.
℟ Dont la vie éclatante illustre toutes les Églises.

L'indulgence est plénière disant *Pater noster* et *Ave Maria.* »

Enfin, en 1666, Jacques Goujon nous donne des détails

---

(1) *Reisebuch des Heyligenlandes,* p. 359.
(2) *Discours spirituel de la Terre-Sainte,* du sieur Cestier, de Marseille. A Aix, 1606, p. 87.

encore plus caractéristiques sur les progrès de la tolérance turque, dans son *Voyage de la Terre-Sainte* (1) : « On ne manque jamais, dit-il, malgré les difficultés qui se présentent, d'aller à l'église Sainte-Anne, le jour de la naissance de la Vierge le huitième septembre ; l'on achète cette permission du Santon à force d'argent que l'on n'épargne pas dans ces saintes occasions. La première fois que j'eus l'honneur d'y aller, fut le même jour de l'année 1666, accompagné de plus de vingt-cinq ou trente de nos Religieux, qui tous sortîmes après Matines, c'est-à-dire à deux heures après minuit, pour y aller chanter la grande Messe, où j'eus l'honneur d'officier ; et après que tous les prêtres eurent dit la messe et que les Frères eurent communié, nous pliâmes les tapis des deux autels qui ne sont que de bois, et nous nous retirâmes au couvent de Saint-Sauveur, où nous fûmes tous auparavant qu'il fît jour. On y observe une chose fort remarquable, je ne scay si elle est bien assurée : que pas un infidèle de l'un ou de l'autre sexe ne peut demeurer en l'une ou en l'autre de ces chambres, qu'il ne meure peu de temps après. Ce que Dieu permet, à ce que nous devons penser, afin que cette sainte demeure, le lieu de la naissance de la plus pure de toutes les Vierges, ne soit ni polluée ni profanée par les plus cruels ennemis de la sainte pureté. »

Telle fut Sainte-Anne sous la domination turque.

Jamais la prière des Chrétiens n'y a été interrompue ; grâce à la foi qui ne cessa d'amener à Jérusalem, malgré tant de périls, les Pèlerins de l'Occident, grâce surtout à la persévérance et au courage des Franciscains de la Terre-Sainte. Ces gardiens fidèles des Saints-Lieux, bannis, par la force, du Sanctuaire qui rappelait à leur piété tant de

---

(1) *Histoire du voyage de la Terre-Sainte,* par le R. P. Jacques Goujon. Lyon, Compagnon, 1670, p. 250.

mystères doux et sacrés, ne cessèrent d'en conserver parmi eux la mémoire et d'y célébrer de temps en temps le culte catholique.

Un moment, néanmoins, dans ce siècle même, lorsque le gouvernement Égyptien devint, vers 1840, maître de la Palestine, l'église de Sainte-Anne courut un danger suprême. Ibrahim-Pacha, qui faisait construire une caserne près de là, sur l'emplacement du palais de Pilate, y avait déjà employé les pierres du monastère ruiné des Bénédictines. Voyant que les matériaux venaient à manquer, il ordonna la destruction de l'église. Ce qui restait de l'ancien clocher bâti par les Croisés, disparut alors ; et malgré les protestations des Pères de la Custodie et du Consulat de France, les murs de l'église furent attaqués par les démolisseurs. On y fit, du côté méridional, une brèche par où un char (c'est l'expression des témoins oculaires) aurait pu passer aisément.

Mais le jour même où cet acte de vandalisme fut accompli, on apprenait la chute de la domination égyptienne en Syrie : coïncidence où les Catholiques de la Palestine virent une intervention manifeste de sainte Anne.

Peu après, les Grecs tentèrent, mais vainement, de s'en emparer par surprise. Le firman qu'ils avaient, à prix d'or, obtenu de Constantinople, ne put être exécuté; en présence de l'opposition des Musulmans de Jérusalem.

Les choses restèrent ainsi jusqu'en 1855.

Cette année-là, un fait mémorable se passa dans le monde. Le 8 septembre, jour de la naissance de la Sainte Vierge, qui est vraiment le jour du triomphe de sainte Anne et le plus glorieux pour son sanctuaire de Jérusalem, les soldats de la France firent tomber les murs de Sébastopol. Cette victoire était avant tout une victoire catholique. Commencée pour mettre un terme aux empiétements sans cesse renaissants de la Russie et protéger contre eux les sanctuaires de la Palestine, la guerre de Crimée arrêtait, pour un temps du moins, les périls qui menaçaient l'Église en Orient. C'était comme une nouvelle Croisade, non plus contre le Croissant, mais contre le Schisme qui, peu à peu, détruisait notre influence.

Est-ce encore simple coïncidence produite par le hasard ? Cette année-là même, le sanctuaire de Sainte-Anne, c'est-à-dire l'antique sanctuaire dédié à la Naissance de Marie à Jérusalem, était délivré de nouveau du joug de l'Islamisme, et cette fois pour toujours. La France demandait à la Turquie, comme prix de sa victoire, l'un des sanctuaires de la Terre-Sainte, et, par l'organe de son représentant en Palestine, elle désignait, parmi tant d'illustres sanctuaires, l'église de Sainte-Anne de Jérusalem.

Or, celui qui faisait cette demande était un Breton.

M. de Barrère, alors consul de France à Jérusalem, avait triomphé, grâce à l'obstination de sa race et de sa foi, d'obstacles qui paraissaient invincibles et de ceux qui s'accumulèrent encore durant six années. C'est lui qui prit enfin, en 1861, possession du sanctuaire au nom de la France, j'allais dire au nom de la Bretagne ; car son premier acte fut d'en faire hommage à sa terre natale, en envoyant au sanctuaire de Sainte-Anne d'Auray une pierre de Sainte-Anne de Jérusalem. Elle existe dans votre Trésor, avec son inscription caractéristique :

A Sainte-Anne d'Auray
Roche du sanctuaire de l'église de Sainte-Anne
de Jérusalem

Prise de possession par la France
le 1ᵉʳ novembre 1861

Le Consul de France en Palestine
Edmond de Barrère.

J'ajoute que pour marquer encore mieux ce caractère, de même que c'était un Breton qui avait, au nom de la France, arraché aux Infidèles le sanctuaire de Sainte-Anne, c'est encore un Breton qui l'a reçu de la France, au nom de l'Église. Sans que j'eusse songé à cette circonstance qui me frappe aujourd'hui, j'avais envoyé, l'année dernière, M. l'abbé Gillard, mon premier Vicaire-général, à Jérusalem, où il me précédait d'un mois, pour prendre possession, en mon nom, et avec l'agrément de Mgr Bracco, le pieux Patriarche de Jérusalem, de l'église de votre Patronne, et il est le premier prêtre catholique qui y ait résidé, depuis les Croisades.

Or, M. l'abbé Gillard est Breton, comme M. de Barrère : il appartient au diocèse de Quimper.

Il semble que sainte Anne n'ait voulu devoir qu'à des mains bretonnes sa délivrance et le rétablissement de son culte aux lieux mêmes où elle a vécu.

VI

Par tout ce que j'ai dit de l'abandon où les Musulmans laissèrent Sainte-Anne, pendant six siècles, et des dévastations qu'ils y accomplirent, il est aisé de concevoir l'état où se trouvait ce monument vénérable avant qu'il ne fût remis aux mains de la France. Un Pèlerin illustre, qui le visitait il y a moins de cinquante ans, en parlait en ces termes : « La grotte de l'Immaculée-Conception, à peu de distance de la maison de Simon, se trouve sous une ancienne église appartenant, ainsi que le monastère, à des Religieuses. Il n'en reste plus que des ruines ; l'état en est affreux. Un jour, en m'en approchant, je trouvai un chameau en putréfaction, dont une troupe de chiens se disputaient les lambeaux. L'odeur en était tellement insupportable, que je fus obligé de retourner sur mes pas... J'ai déjà eu occasion de gémir sur l'état déplorable dans lequel se trouvent, à Jérusalem, tant d'autres lieux sacrés pour les Chrétiens : celui où Notre-Seigneur fut flagellé, celui où il succomba pour la troisième fois, sous le poids de sa croix. Les Turcs en ont fait des cloaques horribles (1). »

J'ai moi-même visité Sainte-Anne, en 1861, avant sa récente restauration, et j'avais le cœur navré de ce spectacle. Elle appartenait alors à la France, et il semblait plus douloureux encore de la voir ainsi déshonorée et prête à tomber en ruines. Ses voûtes, ouvertes en plusieurs endroits, laissaient entrer les eaux du ciel, et la crypte du tombeau de sainte Anne, qui communiquait par un regard avec le sanctuaire supérieur, portait la trace des inondations (2) que produisent parfois les pluies torrentielles de l'Orient. Les portes enlevées avaient permis aux habitants du voisinage d'entrer librement dans l'église supérieure et d'y établir leurs animaux. Tout autour de l'église, les décombres entassés s'élevaient à une hauteur telle qu'on pouvait, comme l'a constaté M. de Vogüé (3), « à l'aide de ces débris accumulés, parvenir sur les terrasses qui forment la toiture. »

Heureusement, au milieu de ces ruines, le sanctuaire intérieur, cher surtout à la piété chrétienne, parce que c'est là qu'est la maison de sainte Anne, avait toujours été respecté. L'escalier qui y conduisait avait même été longtemps muré, et on n'y descendait, comme nous l'avons vu, que par un soupirail qui donnait sur le préau de l'ancien monastère. Une ter-

---

(1) Le baron de Guéramb, *Pèlerinage à Jérusalem et au mont Sinaï.* Paris, Le Clère, 1839, t. II, p. 79.

(2) C'est ce qui a trompé des observateurs qui, y voyant des marques du séjour des eaux, ont pris la crypte du tombeau de sainte Anne pour une citerne. Mais c'est la première fois que l'on aurait vu une citerne communiquant par un couloir dont la profondeur est égale à la sienne, avec le sanctuaire qui l'avoisine, et placée sous le maître-autel.

(3) *Les églises de la Terre-Sainte,* par le comte Melchior de Vogüé. Paris, Victor Didron, 1860, p. 234.

reur religieuse le garantissait contre les profanations des Musulmans.

Malgré un si triste abandon et peut-être à cause de cet abandon même qui l'avait préservée de transformations plus malheureuses, « l'église de Sainte-Anne était, au jugement de M. le comte de Vogüé, après l'église du Saint-Sépulcre, l'édifice le mieux conservé (1) » de tous ceux qui portent à Jérusalem l'empreinte de la main des Croisés. Aussi l'éminent écrivain formait-il un vœu que répétaient avec lui tous les archéologues et tous les Chrétiens :

« Par une faveur spéciale du Sultan, ce monument a été restitué à la France. Tout nous fait espérer que, dans un temps rapproché, le culte catholique, proscrit pendant sept siècles, pourra être définitivement rétabli dans les murs vénérables du sanctuaire. La restauration complète de l'église a été ordonnée par le Gouvernement français. Nous nous plaisons à croire que l'architecte auquel cette importante mission a été confiée, saura comprendre les graves devoirs qu'elle lui impose, — qu'il aura le courage, peu ordinaire, de s'effacer lui-même, de dissimuler autant que possible ses propres travaux ; — qu'il s'efforcera, enfin, de conserver, de consolider le monument tel qu'il est, sans changer ni altérer en rien son caractère primitif. En agissant ainsi, il s'attirera l'estime et la reconnaissance de tous ceux qui ont le culte des arts et des gloires de la patrie. La vieille église des Croisés est une précieuse relique à laquelle il faut toucher avec le respect dû à son ancienneté, à sa valeur archéologique, et aux souvenirs glorieux qu'elle rappelle. Pour nous, nous le disons franchement, et en le disant nous exprimons l'opinion du plus grand nombre, nous l'aimons mieux pauvre et délabrée que défigurée (2). »

---

(1) *Les Églises de la Terre-Sainte*, p. 233.
(2) *Ibid.*, p. 245.

M. Mauss, l'architecte distingué chargé par le Gouvernement français de la restauration de Sainte-Anne, a rempli, aidé de l'appui constant et des conseils de M. Patrimonio, l'éminent Consul de France en Palestine, toutes les conditions de ce programme. Son œuvre est irréprochable. S'inspirant des travaux de même nature, si merveilleusement accomplis en France, dans ce siècle, il a refait pierre à pierre l'ancien édifice, sans changer une de ses lignes primitives ; et Sainte-Anne semble sortir des mains des artistes du douzième siècle, alors qu'ils terminèrent la transformation de la Basilique byzantine agrandie par eux. Aussi l'impression que sa vue produit sur les visiteurs est-elle très vive.

Dès qu'on est sur le seuil de la porte principale, l'œil est charmé par l'harmonie sévère de ce bel édifice. Ses trois nefs syro-bysantines, terminées par leurs absides, sa coupole qui s'élève à l'intersection du transept et de la nef principale, ont un caractère de simplicité et de majesté remarquables. Ses dimensions sont celles d'une grande Basilique orientale : trente-six mètres hors d'œuvre en longueur, pour la nef principale avec son abside, vingt et un mètres en largeur pour les trois nefs, dix-huit mètres de hauteur sous la coupole.

Trente fenêtres éclairent sa nef principale, ses bas-côtés, sa coupole et son transept.

Elle a quatre portes : deux sur la façade principale, et deux, plus petites, sur le bas-côté méridional, par lesquelles elle communiquait autrefois avec le monastère.

Je vous en envoie l'image : elle vous en donnera du moins quelque idée.

C'est, pour son architecture, l'église la plus noble et la plus complète de Jérusalem, et, ce qui me charme encore davantage, je l'avoue, c'est le seul de ses grands Sanctuaires qui appartienne sans partage aux Catholiques. Dans tous les autres, lorsqu'ils n'en sont pas absolument exclus par les Musulmans, comme au Cénacle, ils sont contraints, comme à la Résurrection, au Calvaire, au tombeau de Marie, de les partager avec le schisme et l'hérésie.

Sainte Anne n'a pas plus permis au schisme et à l'hérésie de régner dans son sanctuaire qu'elle ne leur a permis de régner dans sa Bretagne.

Sous l'église proprement dite est l'église inférieure. On y descend par un large escalier qui s'ouvre au milieu de la nef latérale du sud. Elle se compose de trois parties : un narthex ou portique dont les piliers massifs supportent les voûtes sur lesquelles repose le pavé de la nef; une chapelle, avec deux absidioles, qui est l'ancienne maison de sainte Anne, sous le côté droit du transept de l'église supérieure; une crypte creusée pour le tombeau, et qui est en arrière de la maison de sainte Anne et directement sous le maître-autel.

Tel est le sanctuaire dont la France et l'Église ont daigné confier la garde à la Société des Missionnaires d'Alger.

Mais, si les murs en sont restaurés, ils n'en présentent pas moins un aspect de pauvreté qui désole. L'église nous a été remise dans une nudité complète. Pas un autel, pas un ornement, pas une image, même celle de sainte Anne. Nos Missionnaires y offrent le saint sacrifice sur une table en bois, recouverte de toile blanche. Ils m'écrivaient, il y a quelques semaines : « Vraiment, si les Catholiques de France étaient témoins du dénûment de notre sanctuaire, à qui tout manque, jusqu'aux chandeliers et aux ornements de l'autel, ils auraient honte de tant de misère. Car ce sanctuaire, qui est le sanctuaire d'Anne et de Marie, leur appartient maintenant. Tous ceux qui le visitent, Orientaux ou Latins, Catholiques ou Hérétiques, s'en étonnent; et les Français, quand il en vient, s'en affligent avec nous. Il faut, pour l'honneur de sainte Anne, pour l'honneur de la France, que cet état de choses cesse. Il le faut ! »

Je ne doute pas, Monseigneur, que vos Bretons ne tiennent le même langage.

Noblesse oblige, et reconnaissance aussi. Or, sainte Anne est la source de la vraie noblesse et de la richesse de la Bretagne, puisqu'elle est la protectrice de sa Foi, car, comme le dit un de vos cantiques :

La foi du Breton est son vrai trésor.

Ce cantique, je l'ai lu dans le livre sur Sainte-Anne d'Auray, dû à la plume éloquente de M. l'abbé Nicol, l'un des professeurs de votre Séminaire. Mais j'y ai lu d'autres choses encore, non moins touchantes et non moins vraies.

J'y ai lu que « sainte Anne est le cœur de la Bretagne (1). »

J'y ai lu cette explication charmante des liens qui s'établissent entre les Saints et les peuples qu'ils ont adoptés ; qui se sont établis entre sainte Anne et vos Bretons.

« Le peuple fait monter des prières, les Saints font descendre des grâces ; par une merveilleuse disposition de la Providence, le pays qu'ils adoptent devient comme leur seconde patrie sur la terre : ils le protègent, ils l'instruisent, soutenant les âmes dans leurs défaillances, les relevant dans leurs chutes, et leur main miséricordieuse, réunissant les cœurs au pied du même autel, réalise ici-bas cette réunion de la famille chrétienne dont l'Église du ciel est le magnifique idéal.

» Sainte Anne a choisi la Bretagne (2). »

J'y ai lu surtout ces paroles de feu, dignes d'un cœur d'apôtre : « Ce n'est pas en vain que sainte Anne a choisi la Bre-

---

(1) *Sainte-Anne d'Auray, Histoire du Pèlerinage,* par M. l'abbé Max Nicol, p. 159.

(2) *Ibid.,* p. 35.

tagne, cette portion privilégiée de la terre française ; mais cet honneur nous oblige... Sainte Anne est là, qui nous appelle ; sachons prendre la main qu'elle nous tend (1). »

En lisant cet appel qui répondait si directement à ma pensée, il me semblait, Monseigneur, que sainte Anne me conviait à m'adresser à ses fils de Bretagne, pour ce sanctuaire de Jérusalem, non seulement plein, comme celui d'Auray, de son nom et de ses miracles, mais encore des souvenirs de sa vie et de sa mort. Ils honorent si bien son culte, qu'ils n'en peuvent oublier le berceau sacré et qu'ils regarderaient comme une usurpation sur leurs privilèges de laisser à d'autres le soin d'y pourvoir.

Aussi est-ce avec confiance et simplicité que je vais, dire ici, ce qui manque, — et c'est tout, absolument, comme vous le verrez, — au sanctuaire de Jérusalem.

Dans l'église supérieure, et dominant tout du fond de l'abside principale, il faudrait une statue de sainte Anne ; et je la voudrais semblable à celle d'Auray, pour marque de l'unité de son culte et de l'union des deux Sanctuaires.

Au-dessous de la statue, il manque encore un autel digne d'une telle église.

Dans le transept, à droite, un autel à saint Joachim ; à gauche, un autel à saint Joseph.

Dans l'église inférieure, un autel à l'Immaculée-Conception, et un autre à la Nativité de Marie, là où, dès les premiers siècles du christianisme, ces autels ont existé, enrichis des indulgences du Saint-Siège.

Dans la crypte, la reproduction de la tombe qu'elle a renfermée durant des siècles, pour y placer les reliques d'Anne et de Joachim, don précieux de Notre Saint-Père le pape Léon XIII

---

(1) *Sainte-Anne d'Auray*, p. 282.

qui vient de décerner des honneurs nouveaux au père et à la mère de Marie (1).

Mais ce n'est pas tout.

La Basilique devrait être, comme autrefois, couverte des peintures qui rappelaient l'histoire d'Anne et de Joachim. Les verrières de ses fenêtres devraient représenter les sanctuaires illustres qui sont élevés en l'honneur de sainte Anne dans votre Bretagne, au Canada, en Belgique, à Rome, en Sicile, en Hongrie. Le chœur, nu aujourd'hui, a besoin de boiseries. Enfin, les cérémonies du culte doivent, par la beauté des ornements aussi bien que par la piété des ministres saints, prêcher notre foi à ceux qui ne la connaissent pas encore.

Et de tout cela, je le répète, les Missionnaires établis à Sainte-Anne n'ont rien : ni une statue, ni une peinture, ni un autel, ni même les ornements nécessaires pour le service de chaque jour. Et non seulement ils n'ont rien, mais ils ne peuvent rien avoir par eux-mêmes.

A Jérusalem, en effet, qu'attendre de la pauvreté des catholiques ?

J'avais, un moment, espéré que la Propagation de la Foi leur viendrait en aide ; mais accablée déjà par les œuvres existantes, elle ne peut leur être d'aucun secours.

A Alger, les ressources de nos Missionnaires sont absorbées, et au-delà, par les besoins de l'Afrique.

Mais le dirai-je ? c'est l'impossibilité même de notre entreprise qui me rassure.

Puisque nous n'y pouvons rien, c'est Sainte-Anne elle-même qui se chargera de tout.

Après avoir remis son Sanctuaire à la France et à la Bretagne,

---

(1) Un bref de N. S.-P. le Pape Léon XIII élève au rang de fête double de seconde classe la fête de sainte Anne et celle de saint Joachim.

elle ne laissera pas l'œuvre inachevée. Il me semble que, cette fois encore, elle répète les paroles qu'elle adressait au bon Nicolazic : « Jamais rien ne manquera, non seulement pour bâtir, mais encore pour faire des choses qui étonneront le monde (1). » Elle l'a fait à Auray, Monseigneur, par vous et par ses Bretons ; elle voudra le faire à Jérusalem.

Car, pour finir par une noble parole de l'auteur du livre sur Sainte-Anne d'Auray, que Votre Grandeur a loué avec tant de justice :

« En Bretagne, les choses de la Foi trouvent encore sur les âmes un écho puissant (2). »

Voilà, Monseigneur, le résumé fidèle de ce que j'aurais pu dire, si le temps me l'avait permis, dans votre sanctuaire de Sainte-Anne d'Auray. J'en ai dit quelque chose, dans une veillée prolongée, s'il vous en souvient, au delà de mes projets, aux hôtes de votre Séminaire.

Mais après avoir vu comment vos Bretons écoutaient, malgré l'heure avancée, ce qui a trait à ces souvenirs lointains de leur Mère, je me suis endormi, confiant dans l'avenir de Sainte-Anne de Jérusalem.

J'ai rêvé que, grâce à la piété de votre Bretagne, les lieux où a vécu, où a prié, où a quitté cette terre pour un monde meilleur sainte Anne, « la bonne marraine de votre pays », ne restaient plus privés d'honneurs ; que son sanctuaire reprenait sa splendeur ancienne ; que son histoire en couvrait une fois encore les parois sacrées ; que des vitraux rappelaient ses bienfaits et les lieux bénis où elle aime à les répandre dans le monde ; qu'Auray et la Bretagne y avaient leur place d'honneur. J'ai rêvé que les autels, les ornements, qui manquent,

---

(1) *Sainte-Anne d'Auray*, p. 222.
(2) *Ibid.*, p. 53.

étaient envoyés, peu à peu, par la reconnaissance. J'ai rêvé que quelqu'un des Evêques de la Bretagne venait, un jour, lui porter les bénédictions de ses mains et l'onction de l'huile sacrée. J'ai rêvé que je plaçais, dans son sanctuaire, quelques-uns des Prêtres Bretons qui appartiennent déjà à la Société de nos Missionnaires ; qu'ainsi les prières de Sainte-Anne de Jérusalem se mêlaient, de loin, à celles de Sainte-Anne d'Auray, et qu'en retour la bonne Sainte accordait à ses Bretons un accroissement d'amour et les protégeait durant les tempêtes qui s'annoncent.

Et il m'a semblé que sainte Anne souriait à mon rêve et m'encourageait à le raconter à ses Bretons !

C'est sous ces auspices que je l'ai fait, Monseigneur, et que je reste, avec un tendre respect, de Votre Grandeur, le serviteur très humble, très reconnaissant et très dévoué.

Alger, ce 26 octobre 1879, jour de la Fête du Patronage de la Fille glorieuse de sainte Anne, la bienheureuse Vierge Marie.

† **CHARLES**, *Archevêque d'Alger.*

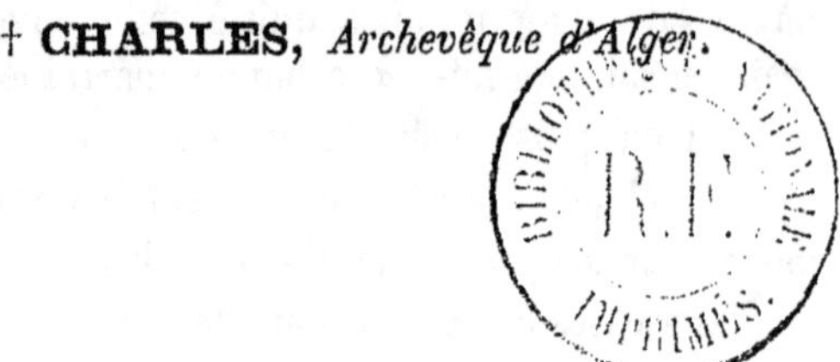